初心者でも「高く」「早く」売る！

# 不動産売却
# “成功”への道しるべ

株式会社クリスティ 代表取締役
富士企画株式会社 代表取締役
新川義忠

# はじめに

長かったコロナ禍が明けて、人々の生活が平常に戻りつつあります。

大きく変化を感じたのが昨年10月からの国による水際対策の大幅緩和です。入国者数の上限が撤廃され、個人の外国人旅行客の入国も解禁されるなど、ほぼコロナ禍前の状態にもどり、**訪日外国人観光客の姿をあちこちで見かけるようになりました。**

そして、今年の5月からはこれまでの「新型インフルエンザ等感染症（いわゆる2類相当）」から「5類感染症」に移行されました。

それまでは外出自粛の要請や入院勧告などの厳しい措置がとられていましたが、季節性インフルエンザと同じ「5類感染症」になることで、法律に基づいた外出自粛の要請などはなくなりました。

マスク着用などの感染対策は個人の判断に委ねられるほか、幅広い医療機関での患者の受入れも可能となり、3年余り続いた国のコロナ対策は大きな節目を迎えました。

そのほかのトピックといえば、10年ぶりの日銀総裁交代です。

**黒田東彦総裁が4月に任期満了を迎え、後任に、経済学者で元日銀審議委員の植田和男氏が就任**しました。

植田新総裁がどのような金融政策を行うのか注目を集めていましたが、当面は黒田時代の政策を維持するのではないかと考えられています。

つまり、「しばらくは変化なし」という見方です。

そうしたなかで、不動産投資業界はどのような動きがあるのかといえば、あまり変化はありません。

融資については門戸が広く開いているとは言いがたいものの、ピッタリ閉じているという状況でもなく、一定条件を満たせばフルローンが受けられることもあります。

ただ、コロナ禍を経て「収益不動産を買いたい人」はますます増えています。

詳しくは本文に譲りますが、コロナ禍では副業の推進もあり、サラリーマンの会社依存がますます減った印象を受けます。

その結果、サラリーマン向けの副業として「不動産投資」に注目が集まっているのです。

こうして**買いたい人が増えているのに、物件が少なければ物件は高く売れます。そういう意味では、今が売り時**なのは間違いありません。

そもそも不動産投資には「所有時に得られるキャッシュフロー（インカムゲイン）」と、「売却時の利益（キャピタルゲイン）」があります。

キャッシュフローとは、家賃収入から経費を引いて残る利益を指します。

単純に、安く買って高く売れば利益になりますが、**長く物件を保有してキャッシュフローを得ていれば、購入した価格以下で売却したとしても、トータルで収**

**益がプラス**になる場合もよくあります。

ですから、買った金額より高値で売却するに越したことはありませんが、必ずしも高く売れなくても良いのです。

トータルで見て収益が増えていれば、充分に成功していると思います。

一見、時間がかかって地味に見えますが、これが損をしない物件売却の考え方です。

いずれにしても、いつまでに売りたいのか、いくらで売りたいのか、世の中の市況はどうなのか、買い手のニーズはどうなのか、それらを複合的に考えて判断する必要があります。

こうした基本的な話を知らない方も多く、それは**地主さんだけではなく、勉強熱心な会社経営者さん、サラリーマン大家さんなども間違った売り方をして損をしている人**が散見されます。

購入時はもちろんのこと、売却時においても「どの不動産会社と、どのような取引をするのか」というのは重要です。

一口に不動産会社といっても説明している内容や、お客さんに対しての考え方は大きく異なるものです。

業界のことを悪く言いたくはありませんが、お客さんをカモに見ているような悪質な会社、お客さんに損をさせても自分の利益を取りたい会社も存在します。

また、営業マン自身は悪気がなくても、間違った知識や情報を信じ切っているケースもあります。

つまり、**性善説で不動産会社に接するのは危険**なのです。

こうしたことから、全ての分野の不動産オーナーが正しい売却知識を身につけるのは、これからの時代に必須だと思っています。

著書8作目となる本書では、**皆さんの物件を「高く」「早く」売却をするために、知っておくと有利になる業界のルールや失敗しないための必須知識、さらに成功事例などを6つの章にわけて**ご紹介していきます。

内容を理解して実践していただければ、売却の流れ、不動産業者の見極め方、タイミング、物件種別ごとの特徴など、売却に関するひと通りの知識を身につけることができます。

売却未経験の方もいらっしゃるでしょうから、初心者でも実践できる内容で執筆したつもりです。

もちろん、**念頭には私の25年の経験から「損をしない売却」を取り入れたノウハウ**です。

普段、私があまり話さないマイホーム売却に使える手法も紹介しているのが本作の特徴のひとつです。

また、売却に関する少し難しい税知識も、第6章で私が頼りにしている浅田税務会計事務所の尾﨑鉄朗税理士監修のもとにご説明しております。

「知らなかった」では済まされないのが不動産の世界です。

皆さんの売却をより良い結果に繋げるためにも、ぜひ本書をご活用ください。

新川 義忠

◆目次◆

はじめに……2

# 序章　なぜ、いま売却が過熱しているのか？

1、コロナ禍でも伸びた収益不動産の売買……16
2、副業の浸透が売買を活発化させている……17
3、コロナ禍で高まったマイホーム熱……22
4、投資規模拡大には売却が必須なワケ……28
5、不動産の価格はしばらく急落しない……30
6、オリンピック後の地価事情……32

## 第1章 「大手」「老舗」「地元」だけで決めない！ 売却で「頼れる不動産会社」8つのチェックポイント

1、「大手」「老舗」「地元」がよいとは限らない……36
2、収益物件の価値がわかっているか？……41
3、実績・クチコミ・リピートの多い会社か？……45
4、実際の相場を知っているか？……48
5、複数の売却ルートを持っているか？……50
6、売却情報の出し方を熟知しているか？……53
7、高額査定の不動産会社はオススメではない……55
8、金融機関との太いパイプがあるか？……57
コラム1 こんな業者にいくと買い叩かれる！……62

## 第2章　「もったいない…」「騙された…」と後悔しない！「売却のための基礎知識」9つの視点

1、有利な売却のためにすべき準備……66
2、媒介契約の種類とポイント
一般媒介・専任媒介・専属専任媒介の3種類……70
3、査定の極意……74
4、契約不適合責任とは？……79
5、情報は出しすぎない……81
6、ポータルサイトは〝出会い系サイト〟……84
7、多くの投資家は未公開物件を求めている……85
8、売却依頼から契約・決済までに必要な書類と手続き……87
9、転売をするのは法律違反なの？……91
コラム❷　気を付けよう！　家賃滞納の罠……94

## 第3章 私がサポートした売却成功事例 ～マイホーム区分所有から、木造アパート・RCマンションまで～

1、木造アパートの売却事例
○東京都在住　Aさん（40代前半・上場会社）……98
2、木造アパートの売却事例
○東京都在住　Bさん（40代前半・飲食店経営）……100
3、軽量鉄骨アパートの売却事例
○群馬県在住　Cさん（30代・公務員）……102
4、木造アパートの売却事例
○茨城県在住　Dさん（70代・農業）……104
5、マイホーム（区分マンション）の売却事例
○東京都在住　Eさん（40代前半・自営業）……107
6、軽量鉄骨アパートの売却事例
○埼玉県在住　Fさん（50代前半・食品メーカー）……109
7、RCマンションの売却事例
○栃木県在住　Gさん（60代・税理士）……111

## 第4章 売却のタイミングを見極める

1、どんな人が売却を検討するのか……114
【プラスの売却】＝利益を確定させたい場合……114
【マイナスの売却】＝損益を確定させたい場合……118
2、「高く」売るための条件とは……123
3、地方物件の売却……126
4、銀行評価との乖離をどうするのか……128
5、家賃を下げると物件価格も下がる……131
6、誰に売るかを想定する……136
7、その他の物件の売却……140
8、売らずに所有し続けるという選択……141
コラム③ 管理会社との関係性も大事！……144

## 第5章 物件種別で変わる売却方法

1、物件種別で異なる特徴を把握しよう……148
2、区分マンションの売却……151
3、住居系一棟物件の売却……154
4、商業系一棟物件の売却……156
5、エリアの影響は？……158
コラム④ 物件バリューアップの考え方……160

## 第6章 知らないと損をする税金の話

監修／浅田税務会計事務所 税理士 尾﨑鉄朗 氏

1、5年内に売ったら大損する!? ～譲渡所得税を理解しよう～……166
2、減価償却を意識するのも大事……167
3、大幅節税も可能 ～マイホーム売却の特例～……169
4、法人所有の物件の売却……170
5、相続税の落とし穴……174
コラム⑤ 売却後、あえて再投資をしないという考え方……182
おわりに……184
◆巻末付録「付帯設備表」「物件状況確認書」サンプル……188

# 序章

# なぜ、いま売却が過熱しているのか？

## 1、コロナ禍でも伸びた収益不動産の売買

当社では昨年から今年の春にかけて、過去一番の売上を記録しました。売上が伸びているのは、物件の売買が活発であることを意味します。

当社は、基本的に収益不動産の売買仲介をしており、「物件を安く仕入れて売る」という転売業ではありません。

転売業であれば「どれだけ仕入れをしたか」で売上も変わってきますが、当社の売上状況はあくまで売買仲介の手数料ですから、「買いたい人、売りたい人がどれだけいるのか」という一般市場を反映したものだと考えていただけたらと思います。

これまで不動産の売買仲介業を25年以上続けていますが、営業スタッフがとり

わけ増えたようなことはありません。ただし、スタッフが育ったという側面はあります。

２０１６～２０１８年頃の不動産投資への融資が積極的で、不動産業界が潤っていた時期よりも売上水準が高いというのは、世の中で物件がたくさん動いているということです。

## ２、副業の浸透が売買を活発化させている

市況が活発である大きな要因は、「副業が受け入れられる世の中になったから」ではないかと私は考えています。

副業に明確な定義はないようですが、一般的には「本業を持っている人が、収入を得るため、本業以外の仕事をすること」です。

サラリーマンに副業が浸透した理由にはいくつかあります。大きな理由として

は経済的不安定が続くなか、生活費や教育費、老後の備えを捻出するためです。

その背景には、労働環境の変化があります。

近年は終身雇用や年功序列などの伝統的な雇用システムが崩壊し、自己責任と柔軟な働き方が求められるようになりました。

その結果、副業により収入を増やす人が増えました。

あわせて、企業側の変化もあります。働き方改革が推進されるなか、副業を認める企業が増えました。

副業を認めることで、従業員のモチベーションアップや人材確保につながるほか、不足する給与や年金を自力で補って欲しいという意図もあるように思います。

実際、副業の解禁に関しては、国の後押しも進んでいます。

厚生労働省は2019年に「副業・兼業の促進に関するガイドライン」を策定しました。

これは、企業が労働者に副業・兼業を認める場合、注意すべき事項について示したものです。簡単にいえば、国の決めた「副業のルール」です。

それが2022年7月に改訂されて、副業・兼業がより一層推進されるようになりました。


ここで2022年10月に公表された経団連のアンケートの結果をご紹介します。経団連が会員企業1509社を対象にして、2022年7～8月に実施し、2割弱の275社が回答したアンケートです。

副業や兼業を「認めている」企業は53・1％で、2年前の38・2％と比べて約15ポイント増加。正社員が5000人以上の企業に限ると66・7％で、2年前より約16ポイントも増えているそうです。

また、今後「認める予定」の企業も合わせると、全体では70・5％、5000人以上の企業は83・9％という結果になりました。

全体の2割弱の回答とはいえ、大規模な企業ほど副業を認める傾向にあります。

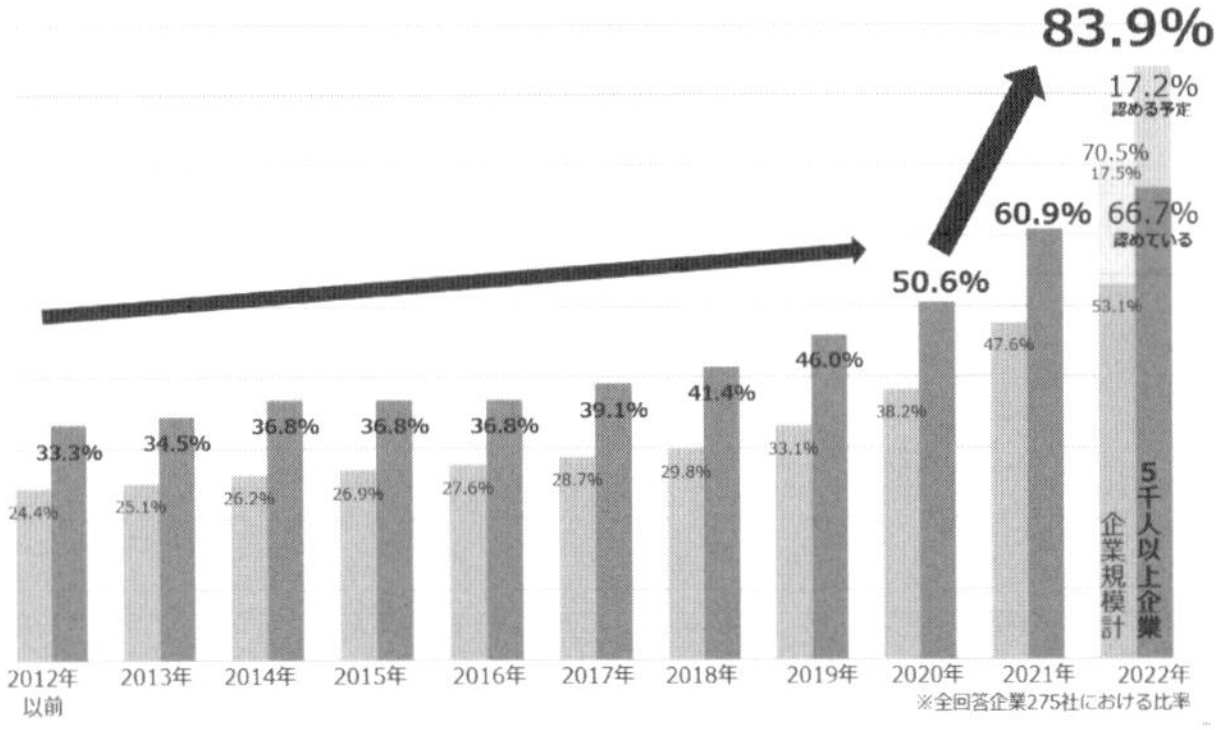


**認めている企業の推移（5000人以上企業・企業規模計）**

出典　「副業・兼業に関するアンケート調査結果」（一般社団法人 日本経済団体連合会）
https://www.keidanren.or.jp/policy/2022/090.pdf

なお、サラリーマンの人気の副業には以下があげられます。

**○物販**

コロナ禍では、副業も在宅ワークに人気が集まりました。

物販は安く商品を仕入れて高く販売するというシンプルなビジネスで、パソコンが1台あればスタートできます。ＥＣサイトの普及により取り組みやすくなりました。

**○アフィリエイト**

昔からある副業です。自分が興味を持っ

た商品やサービスの紹介を行い、その成果報酬を受け取ることができます。

**○情報発信**

独自のアイデアや知識を持った人は、ブログやYouTube、Instagram、Twitterなどで情報発信して、インフルエンサーとして収益を得ることができます。

**○フリーランス**

自分の専門分野に関する仕事をクラウドソーシングサイトなどで受注し、在宅で仕事をすることができます。

**○投資**

株式投資やＦＸ、仮想通貨など、さまざまな種類があります。不動産投資もこのジャンルに入ります。

投資といえば、株式投資が注目されていますが、株も不動産も自分の資金を投資して行うという点では一緒です。不動産投資の場合は融資を受けられるので、少ない資金でより大きな投資ができます。

将来に不安を感じるなか、会社に頼らずに収入を得ることを模索する人が増えた結果、不動産投資が注目されているのでしょう。

## 3、コロナ禍で高まったマイホーム熱

コロナ禍では「マイホーム熱が高まった」と言われています。

ステイホームの時期は子どもも学校に行きませんでしたし、テレワークの浸透によって家にいる時間が長くなったため、より快適に住みたいというニーズが高まったようです。

賃貸の人は購入を考え、マイホームを所有している層でも、狭い家に住んでい

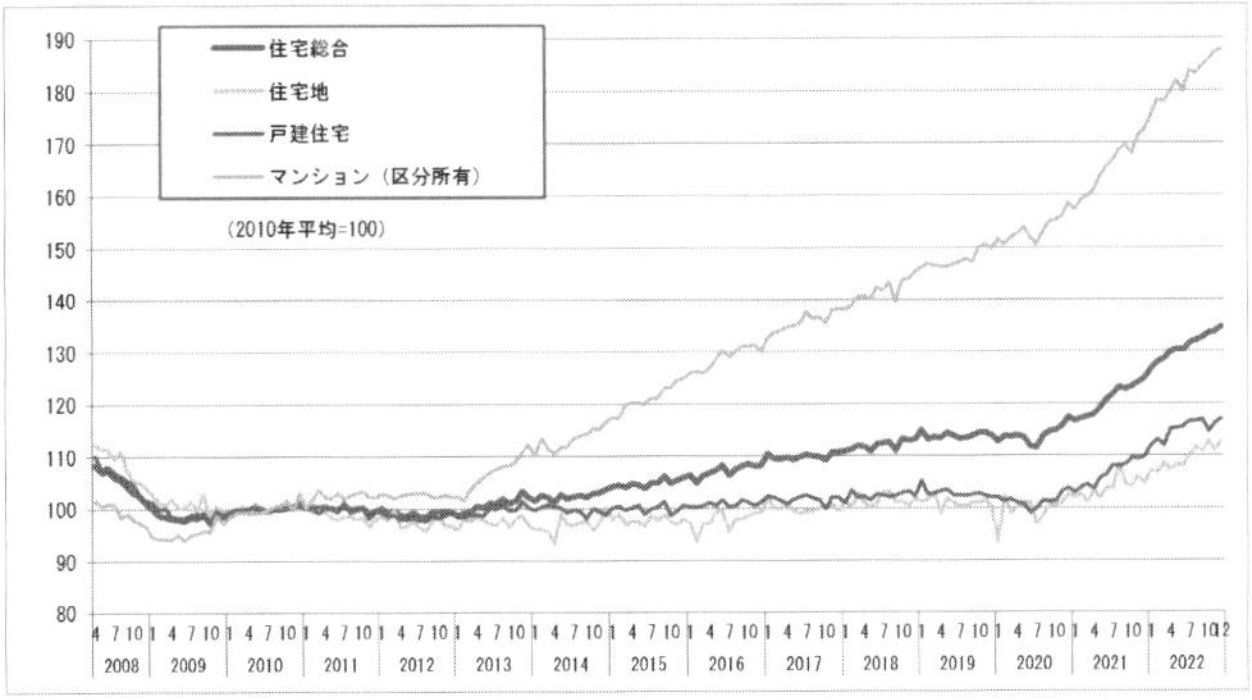


**不動産価格指数（住宅）（令和4年12月・季節調整値）** ※2010年平均＝100

出典 「令和4年12月・第4四半期分不動産価格指数」（国土交通省）
https://www.mlit.go.jp/totikensangyo/content/001597683.pdf

る人はもっと広い家に住みたいという方が増えました。

ここで最近のマイホームのトレンドを見てみましょう。

国土交通省が3月に公表した「不動産価格指数（住宅及び商業用不動産）令和4年12月・第4四半期分」をご覧ください。

不動産価格指数とは国土交通省が公表しているデータで、住宅用不動産、商業用不動産それぞれの価格動向を指数化した統計データです。

大きく伸びているのは区分マンション

です。戸建ても2021年から伸びており、コロナ禍による停滞はありません。価格が高くなった理由としてはウッドショックや円安の影響もありますが、「高くても売れる」という背景もあると思います。

続いて、マイホーム購入層からみて住みたい街、人気の街のトレンドです。大手不動産情報サイト「LIFULL HOME'S」にて、2022年に掲載された物件のうち、検索・問合せ数から算出した〝実際に探されている街・駅〟のランキング結果です。

それでは首都圏、近畿圏の「買って住みたい街ランキング2023」をご紹介します。

ランキングを見ると、いわゆる都心に近い利便のよい街もありますが、郊外の街も多く含まれています。

アフターコロナとなった今もテレワークを継続する企業もあります。東京に住

## 買って住みたい街ランキング2023

### 首都圏（東京都 神奈川県 千葉県 埼玉県）

| | | | |
|---|---|---|---|
| 1 | キープ | 勝どき | 都営大江戸線 |
| 2 | 1アップ | 横浜 | JR東海道本線ほか |
| 3 | 2アップ | 平塚 | JR東海道本線ほか |
| 4 | 16アップ | 茅ケ崎 | JR東海道本線ほか |
| 5 | 56アップ | 田町 | JR山手線ほか |
| 6 | 1ダウン | 本厚木 | 小田急小田原線 |
| 7 | キープ | 八街 | JR総武本線 |
| 8 | 11アップ | 大宮 | JR京浜東北・根岸線ほか |
| 9 | 1アップ | 八王子 | JR中央線ほか |
| 10 | 2ダウン | 千葉 | JR総武線ほか |

### 近畿圏（大阪府 兵庫県 京都府）

| | | | |
|---|---|---|---|
| 1 | 3アップ | 姫路 | JR東海道・山陽本線ほか |
| 2 | キープ | 本町 | Osaka Metro御堂筋線ほか |
| 3 | 32アップ | 堺筋本町 | Osaka Metro堺筋線ほか |
| 4 | 3ダウン | 谷町四丁目 | Osaka Metro谷町線ほか |
| 5 | 2アップ | 寝屋川市 | 京阪本線 |
| 6 | 59アップ | 大宮 | 阪急京都本線 |
| 7 | 3アップ | 高槻 | JR東海道・山陽本線 |
| 8 | 17アップ | 垂水 | JR山陽本線ほか |
| 9 | 95アップ | 西長堀 | Osaka Metro長堀鶴見緑地線ほか |
| 10 | 11アップ | 大久保 | JR山陽本線ほか |

出典 「買って住みたい街ランキング2023」（LIFULL HOME'S）
https://www.homes.co.jp/cont/s_ranking/shutoken/

む必要がなくなった人は、郊外や地方への移住を検討し、郊外や地方であればマイホームをかなり安く購入することができます。

とくに2022年は円安の影響で、あらゆる物価が値上がりしていますので、住宅の価格も上がってきています（23ページの図参照）。「安く・広く」を求めるのは当然の流れともいえます。

2020年には、コロナ禍でダメージを受けた業界では年収が下がるパターンもあり、年収が下がって家が買えなくなる前に購入するという、駆け込み需要もあったようです。

初めてマイホームを購入する人ではなく、すでにマイホームを所有している人であれば、今住んでいる家を売って住み替えが必要です。そうしたことから、マイホームの購入だけでなく売却も伸びています。

### ・投資家さんの売却も増えている

かつて収益物件の売却といえば、地主さんの所有する物件が多かったのですが、ここ最近はサラリーマン投資家さんのなかでも、買うだけでなく、売るということも見直されています。

あくまで印象の話ですが、「健美家」や「楽待」といったポータルサイトも売却に力を入れているように見えます。

というのも、「健美家」「楽待」も開設から10年以上が経ち、ポータルサイトを通じて物件を購入した投資家さんがどんどん増えました。

その人たちの年齢も上がり、建物も古くなってきて資産の入れ替えが目的だったり、相続関係の理由だったりで、持っている物件を売りに出そうとしている結果、需要が高まっているのではないでしょうか。

地主さんの売却は、相続税の納税資金や遺産分割のためという理由が大半ですが、サラリーマン投資家さんの場合は資産の組み換えが増えています。

とくに個人所有の場合、5年経って長期譲渡（166ページ参照）のタイミングで売却を検討するケースが多いでしょう。

## 4、投資規模拡大には売却が必須なワケ

中古の市場では「もう1棟、もう1棟・・・」と買い増しする人が増えています。

むしろ当社は今、新規のお客さんに向けた広告費はどんどん削減しているような状態なのですが、それでも問い合わせはたくさん来ます。

不動産投資は種類が多いですから、戸建てから始めた人が長くやるうちにアパート投資へ変更するケースがありますし、中古アパートから新築アパートに広げることもあります。不動産投資を行うなかで、所有物件をどんどん変化させるのも、ひとつのパターンです。

買い増しをするうちに規模が大きくなり、古くて小さい物件を整理して大きいものを買うような事例もあります。逆に、地方の大きな物件を売って都心のマン

ションを買うケースもあります。

投資家さんも年齢が60歳を超えてくると相続対策の観点を持ちますので、売却をして新しく購入する際の指標もだいぶ変わってきます。

このように不動産投資の選択肢が変化した結果、売却が頻繁に発生しています。売って利益を確定させたり、人によっては損益の場合でも一度リセットして、また次の物件を買うこともあったりします。

そもそも規模拡大志向であれば、買い増しを続けるのはなかなか難しいところで、どこかで一回は立ち止まり、資産の組み替えをする必要があります。

収支のバランスが一時的に悪くなり銀行の融資が一旦止まったとしても返済が進めばバランスが改善され、また買い進められるのです。

いずれにせよ、規模や手法、目的を変えながらも、皆さん不動産投資を続けるケースがほとんどで、止めるパターンはごく稀です。

## 5、不動産の価格はしばらく急落しない

この状況が続く限り不動産の価格が下がる原因は、ほぼないと考えられるでしょう。つまり、売却において「安く売る」のではなくて「高く売る」ことができる市況です。

基本的には、不動産の価値は古くなるほどに下がるものですが、急激に下がることはありません。

コロナ禍やオリンピックの後もそうでしたし、今もアフターコロナとなり、価格が下がると噂されていますが、私はそうは思いません。

その理由は前述した通り、不動産投資のプレイヤーが増えているためです。

不動産投資は一度興味を持つと、抜ける人はなかなかいないものです。

「収益物件を買いたい！」というプレイヤーがここまで増えたことにより、利回りはとても低くなってしまいました。

そのため、3年以上前に購入していれば、利回りをそこまで上げなくても売れますし、場合によっては購入時の価格よりも高く売却できます。

ただし、それはある程度の安い相場で買っていることが前提です。

業者が最初からたっぷり利益を乗せて仕上げた物件などは、購入価格がもともと高いので、高値で売却するのが難しくなります。

簡単にいえば、3年以上前に市場にあるものを相場で普通に買っていたら、結果として「利回りをそこまで上げなくても売れる」ということです。

特に2020年からは「コロナ禍の影響で物件価格が下がるのでは？」と言われ続けていました。

しかし、緊急事態宣言のタイミングで一部に金融機関の面談ができなくなり、一時的に動きが止まったことはありますが、当時から当社の売上はずっと伸びています。下がるという噂が正しいのであれば、当社の売上も同じ状況になるはずです。

物件価格が下がるのは「物件を買いたい人が減る」、または「買いたくても買えない状況」（＝物件を買える人が減る）という背景があってこそです。

## 6、オリンピック後の地価事情

「物件価格の下落」については、以前からもさまざまな予測がされています。これまでを振り返ると、何かを理由にして急に下がるという予測はことごとく外れています。逆に、上がっている傾向にあります。

２０２１年に開催された東京オリンピック・パラリンピックの選手村だった建物は改修されて、17棟の分譲マンションと４棟の賃貸マンションに生まれ変わりました。

この「晴海フラッグ」は、「オリンピック後に下がる」「廃墟になる」「売れ残る」などとネガティブなことがたくさん言われていましたが、蓋を開ければ抽選で、最終販売期の最高倍率は、なんと266倍にまで上ったそうです。

実際のところ、オリンピックは地価が上がる要因になっていました。

オリンピックの際は東京や日本が世界から注目されて、外国人でも日本の不動産を買えることが分かると、外国人の買主さんが増えました。

海外から日本を見たときに、日本が安全で価値のある場所だと感じたら、日本人が買わなくても外国人がどんどん買うだけの話です。

彼らは融資を使わず現金で購入することが多く、購入基準も国際的に見れば「日本は安い（とくに都市部）」ので、高い値段でも喜んで買っていくそうです。

日本人にしろ外国人にしろ、このように活発に売買されている限りは、物件価格をわざわざ下げる必要はありません。

最初の話に戻りますが、当社の売上が伸びているのは、売買が活発であるというシンプルな理由です。

つまり、市場では多くの物件が取引されており、「価格を下げる理由がない」ということです。

「今は高すぎるけれど、いずれ物件価格は下がる」と言いたくなる気持ちも分からないでもないですが、「物件が欲しい！」という人がたくさんいて、高いといわれる価格でも売買される限り値段は下がりません。

# 第1章

# 「大手」「老舗」「地元」だけで決めない！売却で「頼れる不動産会社」8つのチェックポイント

# 1、「大手」「老舗」「地元」がよいとは限らない

業者選びにおいて、「大手」「老舗」「地元」がよいとは限らないのは、それぞれにデメリットがあるからです。

## ○大手の不動産会社の問題は「抱え込み」

大手の不動産会社だからよいわけではないのは、「抱え込み」と呼ばれる行為が原因となっています。

抱え込みとは「レインズ」（業者間の不動産情報ネットワーク）に登録されて広く周知されているにもかかわらず、買い手からの問い合わせを断ってしまい、他社に客付けをさせないことを指します。

具体的に例をあげて説明しましょう。レインズの情報から購入希望のお客さん

を見つけた別の不動産会社が、「物件はまだありますか」と尋ねたとします。

すると「すでに申込みが入った（買い手がついた）」と言って断ってしまいます。

そのようにして、売主さんにはレインズで幅広く周知させているように見せておいて、自社で買主を見つけようとします。

実際、問い合わせをした際に「すでに買付が入って終わっている」と言われたら、何も手出しできません。


なぜ、そんなことをするのかといえば、仲介手数料を売主さんからだけでなく、買主さんからも取りたいからです。

そうして大手の不動産会社は自社で買い手を見つけて、仲介手数料を売主さんからも買主さんからも得る、いわゆる「両手取引」を狙っています。両手取引は違法ではありませんが、物件の抱え込みは不当な行為です。

売主さんからすると、なかなか売れないうえに「長く情報を出してもレスポンスがないから値下げしましょう」と値切られることすらあります。両手取引なら多少安くしたところで、不動産会社は利益が得られるからです。

もちろん、すべての業者ではないですが、大手業者に多い傾向があります。このように、抱え込みが問題視されている業者に依頼するのは得策とは言えません。

ただし10億円もするような大型の物件に限っては、大手の業者のほうがよい場合もあります。

当社のお客様は普通の会社員や一般の人が多いので、扱う物件は大きくても5億円程度です。

それが10億円規模にもなると個人の方が購入できるとはとても考えにくいので、法人専門の担当者が在籍している大手のほうがよいでしょう。

## ○老舗に見えても、信頼できる会社とは限らない

続いて、「老舗の不動産会社だからよいのか?」を考えてみましょう。

不動産投資の指南本の中には、「老舗のほうが信頼できるから免許番号を見る

ように」と書かれているものもありますが、免許番号はＭ＆Ａなどで後から買い取れるものです。キャリアの良し悪しの判断基準とするには不十分です。

そもそも宅建業の免許番号は5年経つと、1から2に数字が増えます。10年経過すると2から3になるわけです。

その意味では各社の業歴を示す数字としてひとつの指標になりますが、免許番号には、違う県に支店を出して許認可を申請し直すと、またゼロからやり直しという特性があります。

例えば、富士企画は免許番号が「3」、クリスティは少し前まで「1」でしたが、業歴が長いのはクリスティのほうです。

というのもクリスティは25年の業歴がありますが、埼玉から一度、東京に店舗を出して、また埼玉に戻ったため、免許番号が若くなってしまったのです。

このように十数年も営業しているのに、免許番号が小さい会社もたくさんあります。

さらには、老舗であっても社員はどんどん入れ替わるので、実績のない新入社員が付く可能性もあります。

## ◯地元の会社より不動産投資を知る会社

また、不動産会社が地元の会社である必要もありません。

では、どのエリアの不動産会社を選べばいいのかといえば、その物件を把握している点では、その物件の管理会社になりますし、そのエリアを熟知している点では地元の不動産会社になります。

しかし、売却において重視すべきは「誰が買うのか?」「高く買ってくれる投資家さんが多いのはどこか?」だと考えます。そうなると、もっとも投資家さんが多い場所でいえば、東京を中心とした首都圏です。

ただし、価格の低すぎる物件を遠方の業者に依頼するのは敬遠される可能性があります。例えば、北海道の物件で価格が500万円であれば、仲介手数料は15~20万円程度となりますが、不動産会社はエリアがどこであれ交通費をかけて調査に行く必要があります。

不動産会社によって取り扱うエリア、得意エリアが決まっていますので、そこは確認すべきでしょう。当社であれば特に関東圏を中心に、全国各地の投資物件を取り扱っております。

## 2、収益物件の価値がわかっているか？

不動産を売るには、その価値をわかっている会社である必要があります。そのためには、「収益物件を普段から扱っているのか？」が重要です。

投資家さんも購入している物件以外の種別に対しては、詳しく知らないことが多いです。

例えば区分マンションばかり投資している人なら戸建ての事情がいまいちわからず、購入する場合に不安を抱くと思います。

なぜなら、戸建ては建物だけでなく土地があり、その土地も調査の対象になるためです。

一方、戸建て派の人たちにとっては一棟物件にハードルを感じる人もいます。戸建ては1戸だけなので、それを埋めれば満室になりますが、一棟物件になると複数戸あるので入居募集や管理が大変に思えるからです。

そして、小ぶりな木造アパートを持っている人からすると、何十世帯もあるRCマンションを未知の世界に感じる人もいるようです。

さらに新築物件を購入している人は中古物件のことがわからず、中古物件を購入している人は新築物件の良し悪しが分からないということもあります。

このように不動産投資は種別もさまざまなので、その人によっての得手不得手が出やすいものなのです。

これは不動産会社も同じです。

同じ不動産業界にいても、どんな物件を扱っているかによって経験値が異なります。

不動産会社といっても、賃貸系と売買系に分かれますし、売買系の中でも扱っているのがマイホームなのか収益不動産なのかで分かれます。その収益不動産でも住居系なのか、それとも商業系なのかで変わってきます。さらに得意エリアや規模によって細分化されていきます。

不動産を売りたいときに、賃貸仲介を専門とする不動産会社に相談をしても意味がありませんし、その逆も然りです。

管理会社であれば地主さんの物件を扱っている関係もあり、相続での売買などを取り扱っているケースが多いです。

実際のところ、よほど専門的な不動産会社でもない限り、アパートやマンションなど投資物件の取り扱いはあると思いますが、注目していただきたいのはその頻度です。

つまり「メインで何を扱っているのか」だけでなく、「その頻度」をチェックする必要があります。

単に高く売れればよい話ではなく、大切なのは「高く売れて、かつ売った後に問題を出さない」ことだと思います。

そこは、その不動産会社が取引に慣れているかどうかの差が出てくるので、安心感にもつながってくるでしょう。

なお、マイホーム用の不動産と、収益不動産の大きな違いは「入居者がいるか、いないか」です。

一般住宅は空いている部屋を売買するだけです。

これが賃貸物件になると、入居者から敷金を預かったり、賃貸契約書を交わしたりしますし、それ以外にも「騒音・滞納・近隣クレーム」といった引き継ぐべき内容があれば、管理会社やガス会社との契約などもあります。

ですから物件の情報にくわえて、賃貸経営に関わる申し送り事項を、きちんと伝えきれるかが大切なのです。そのため収益物件に強い会社であることが重要になります。

## 3、実績・クチコミ・リピートの多い会社か？

当社では現在、大手ポータルサイトへの広告出稿はほぼしておりません。

それでも問合せ件数がどんどん増えていくのは、クチコミによるところが大きいのでしょう。

当社で買ってくれたお客様が、「いい不動産屋さんがいるよ！」と知人を紹介してくれることがよくあります。SNSを日常的に使っている人が多い時代なので、投資家さんは皆とつながっているものです。

不動産屋についての正しい情報を得たいなら、さまざまな大家さんに会える場に行き、実際に不動産投資をしている人たちに聞くのも有効だと思います。そして、そういった情報交換の場があるため、当社にはたくさんの問合せが来ます。

買う人がいれば、売る人もいるわけです。買主さんと売主さんの数は基本的に同数なので、当社で売却実績が多いのもその理由からでしょう。

不動産投資専門の物件情報サイトで、売却の委任を扱っていることを掲載しているのも一因だと考えられます。

ある大手ポータルサイトで売却実績が圧倒的に一番多いのは、さいたま市にあるクリスティです。年間の売却依頼件数は長らく圧倒的にトップです。新規の投資家さんからすると、実績数が多いと安心感があるようです。

このサイトで売却の依頼をすると一括査定がなされます。その際に、各社の過去の成約実績が表示されるのですが、クリスティの数は数百件です。上位はテレビCMを流すような大手の不動産会社が占めていますが、実績数の差は大きく開いています。

なぜ、そこまで実績があるのか。それは業歴が長いからです。クリスティは昨年で25周年を迎え、長きに渡りこのサイトに掲載しています。なにも特別なこと

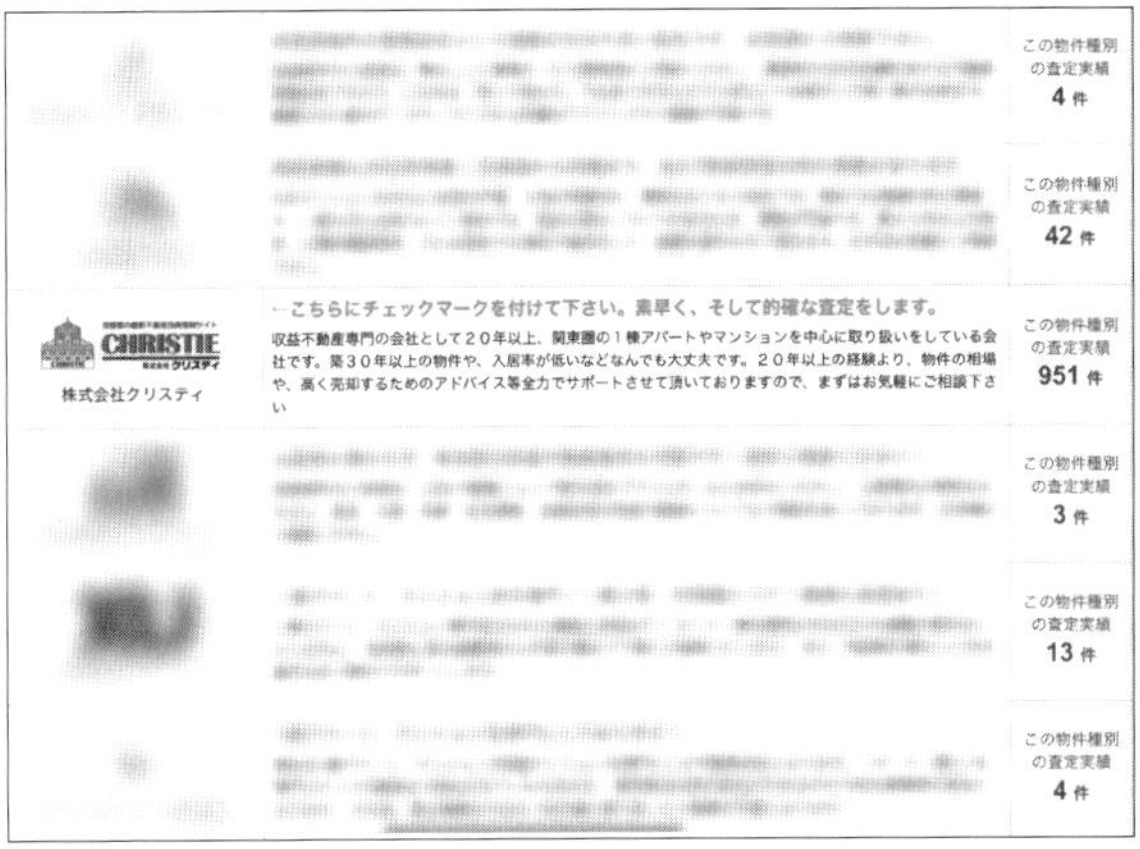


業界大手ポータルサイトにて、「さいたま市」「5000万のアパート」「売却」で一括査定依頼をした時の検索結果

をしなくても、誠実に取引をしてきたからこそ実績がどんどん積み重なっていったのです。これはデータにも現れています。

この数字は全体から見れば目立つものではありませんが、1社にとっては大きな数字です。このポータルサイトで売却依頼が好調なのは、売却査定実績の表示が一因なのだと思います。

これだけ長く、ひたすら真面目にやっていれば、買った会社でそのまま売る状況を作れます。

途中で不誠実なことをするとお客様は離れていきますが、誠実に仕事をしていれば、お客様は付いてきてくださいます。

## 4、実際の相場を知っているか？

不動産の適正価格は、土地の値段と建物の値段で決まります。投資物件の場合は、利回りの相場も加わります。

今でもたまに、レインズで破格に安い物件が出てくることもあります。

これは投資用の物件なのに、一般住宅と同じ様に査定をして、建物が古い物件は建物の価値が0円と判断し、「土地値でしか売れない」と不動産会社に判断されてしまったようなケースです。

収益物件の場合、土地と建物の価値、それに利回りの相場を加味するものです。

そのため、ほとんどの物件が一般住宅に比べると割高になるのが通例です。建物の価値がゼロであっても、物件としての価値はプラスで考えるものなのです。

銀行評価については第4章で解説しますが、築古物件は「建物の価値がゼロ」と言うかもしれません。しかし利回りの相場で見れば価値がある可能性が高いです。相場をしっかりと把握して、値付けをしなければなりません。

収益物件は、利回りを基準に売買されるのが一般的です。

その利回りの相場は、時と共に移り変わります。「このエリアで耐用年数が◯年残っていたら、利回り10％」という場合、いくら高く売りたいからといっても利回り8％では売れません。

こうした話をするにあたっては、その業者が相場や金融機関の状況などを知っておく必要があります。

これは、その不動産会社が「普段から投資用の物件を取り扱っている仕事をしているか？」が大きいです。

「自分のお客様はマイホームを購入したい人だけ！」という状況ですと、提案の幅は狭くなると思います。

なかには収益物件を扱っている不動産会社でも、「自社でいかに安く買い取るか？」だけを考えている会社もあります。

つまり、「もっと安くしないと売れませんよ！」と買い叩こうとするわけです。そうやって買い叩いたあげく、自社の知り合いの業者に買ってもらったり、別会社で買ったりするケースも多くあります。

このように相場を知らないでいると不当に安く売られてしまう危険性もあります。

## 5、複数の売却ルートを持っているか？

収益不動産を扱う不動産会社は、売るためのルートを複数持つことも重要です。「健美家」「楽待」といったポータルサイトへ出す前に、できることはたくさんあります。

最初からポータルサイトへの掲載を提案されたら、その担当者は、それしか売却ルートを持っていない可能性があります。その場合、相談先を変えたほうが賢明でしょう。

具体的には不動産会社によってセミナーを実施して集客をしていたり、メルマガやＬＩＮＥ公式アカウントなど、ＳＮＳの集客ツールを活用していたりします。こうして独自の顧客ルートを持っていれば、未公開物件でも売りやすくなります。

そもそも不動産会社の売り方には順番があります。

各社によって違いはありますが、一般的にはまず営業電話をしたり、ＬＩＮＥで直接つながっていたりする顧客に情報を出します。

次に、メルマガやＳＮＳを通じて会社の顧客リストに情報を流します。

売れるかどうかを判断するための、もっとも簡単な手法はメルマガやＬＩＮＥ公式アカウントです。メルマガやＬＩＮＥで試しに紹介すると、おおよその反響が予測できます。

もちろん、全員が見ているわけではありませんが、それなりの人数が見て何も反応がない物件は売りづらいものだと判断できます。

当社にはたくさんの顧客やメルマガ読者がいますし、当社以外でも首都圏の収益系の不動産会社で何年も営業していれば、それなりの数の顧客を抱えています。

また、「健美家」や「楽待」などで「こういう物件が欲しい」と登録情報に物件を送付することもできます。

これはポータルサイトの利用者の一部に向けて提案メールを送れる機能です。

このように最近は、ポータルサイトなどを使って顧客ルートを増やしている不動産会社が増えています。

ポータルサイトに物件情報を掲載して問い合わせが来たら、自社のリストに加わります。当社ではそれを長年続けており、毎月の問合せは300〜400人程度になります。ですから情報をあちこちにバラまかなくても売れるのです。

なぜポータルサイトに掲載しないほうがいいのかは、物件を探している人の声で一番多いのが、「ポータルサイトに掲載する前の物件情報をください！」だからです。

ですから「ポータルサイトに掲載しないほうが価値はある」と考える買主さんも多いことを知っておいてください。

## 6、売却情報の出し方を熟知しているか？

情報の出し方についていえば、収益不動産専門のポータルサイト「健美家」「楽待」への掲載を思い浮かべるかもしれませんが、これらのポータルサイトへ掲載すれば売れるというものでもありません。

なかには「売れたらラッキー！」と軽い気持ちで、非常に高い金額でポータルサイトに出すケースもあるようです。ただ、それはやはり確率の低い話です。

そもそも優良物件は1日も経たないで消えます。つまり、すぐ買付が入って売れてしまうものです。魅力のない物件であれば誰も反応しません。

「いつから売りに出ているか？」という質問を、お客さんによくされます。それに対して「10年も前から売りに出されています」と答えたら、その情報だけで買いたい気持ちは薄れてくるのではないでしょうか。

実際、ポータルサイトに出せば結果はすぐに分かるものです。ポイントは「その物件にどれだけの人がクリックしたのか？」です。それはアクセス解析を見ればクリックされていないことが分かりますので、ずっと出していたのだろうと思いますし、売れ残っている物件は記録に残ります。ほとんどの不動産会社は、それを何もせずに放置しています。売れるものは本当にすぐ売れますが、売れないものはほったらかしにしているのです。

ポータルサイトでは金額を選択し、新築か中古かを選び、例えば「24時間以内に登録された物件」に絞って検索するのですが、検索結果に表示されているものを見て「いいな」と思ったらクリックします。

中身を閲覧されるのは、クリックされてから。つまりクリックされなければ、ただ単に表示されているだけ。誰も物件概要など見ていません。

なかには無知な人もいるかもしれないですが、基本的にはポータルサイトで物件を探す人は、「よりよい条件の物件」を探しています。ですから「売れたらラッキー！」を狙うのは正しいやり方ではないと思います。

ポータルサイトを使って売ろうとするなら、何よりも情報のコンロールが重要です。

レスポンスを見ながら金額を変えたり、一旦は情報を落としたりと、売れ残り感が出ないように慎重に掲載をすべきです。

## 7、高額査定の不動産会社はオススメではない

高額査定の場合、まず高く出して後で買い叩くということは今でもよくあります。

査定サイトへ自身の物件を持ち込むと、かなり値段にバラツキがありますが、一番高い査定数の会社に売却依頼してもレスポンスが遅く、やっと来ても売価を下げる提案しかされないケースもよくあります。

結果的には、高い査定額で不動産会社選びをしたにもかかわらず、査定サイトで提示されていた金額のなかの最安値で売ることになった例も少なくありません。

そもそも売却査定の価格に差が出るのは、その会社の考え方によって方針が異なるためです。

単純に委任物件を取りたいのであれば、「最初はとにかく高く査定するのがよい」と考える会社もあります。

売主さんはとにかく高く売りたいわけですから、相場が3000万円のところを、「4000万円で売れます！」と言ったほうが任せていただきやすいわけです。

任せていただいた後のプロセスで、価格を徐々に下げていき相場で売るのを最初から考えて査定してくる会社もあります。委任を取るだけの観点で見ると、とにかく高く査定すればよいわけです。

なお、当社ではこのやり方をしていません。

それは、「時間の無駄」と考えるからです。会社によっては当然、まずは売却委任を取るために高い査定を出します。任せてもらった後は3カ月ごとの更新なので、売れなかったらそのたびに価格の見直しをするわけです。

見直しの際に売却活動内容を伝えて、「売れない可能性が高いため、価格を下げるのが得策です」と言われるだけです。どの物件にも相場があるので、本当に売れるのか怪しい高額での査定は、委任を取るための営業トークと判断すべきです。

## 8、金融機関との太いパイプがあるか？

一般的には融資が厳しいと言われていますが、私はそのようには考えていません。いつの時代も開いている銀行はあるものです。重要なのは、開いている銀行を知っているかどうかです。

金融機関によって重視する項目が変わるため、A銀行で融資が出なくてもB銀行では出るケースはざらにあります。そういった最新情報を知っている不動産業者でなければなりません。いうなれば銀行融資は情報戦です。

銀行で扱っているのはアパートローンという商品です。どんな商品を出したら市場に受け入れられのるかをリサーチするのは商品開発部です。当社にも、銀行の商品開発部からヒアリングが入ります。

その際は、「融資期間を伸ばしたほうがいい」「自己資金を抑えたほうがいい」「市場はフルローンを望んでいる」など、他社からの情報も含めて、当社で持っている情報を全て開示します。中には、「そういった声は多いので、開発できたら真っ先に持っていきます！」と言ってくれる銀行の担当者もいます。

とはいえ、そういったニーズに対応した新商品の情報は、どこか一社が独占するのは難しいものですし、1カ月もあれば業界内に広がります。きちんとこの業界に属し、知り合いや大家さんなどと関係を築いていれば自然と入ってくるものです。

不動産会社にとって、買いたい人たちに対して融資付けができるのは武器になります。例えば、A銀行では融資が出なくても、B銀行で出ることもあります。

売却の際に残債が残っているケースでは、「残債以上で絶対に売りたい！」と希望されるケースがほとんどです。

その際、仮に5000万円の残債があるから5000万円で売りたいと思っても、評価は半分の2500万円しかないこともあります。

その場合、買い手の融資が2500万円しかつかない可能性もありますが、そこでさまざまな金融機関の評価基準を知っていることが大切です。

金融機関によって法定耐用年数の残存期間を重視するケース、収益率の高さを重視するケースなど求められる条件が変わるため、選択肢が豊富なほど高く売れる可能性が上がります。

一時期、それまで木造物件に融資を出していた某地銀が、急に木造アパートの評価を下げて重量鉄骨造やＲＣマンション以外、取り扱わなくなったことがあります。その当時は木造アパートが売りづらくなりましたが、木造融資に対しては同じタイミングで別の地銀が木造物件に融資を出すことになりました。

とある年の4月1日から出てきたのですが、最初にアパートローンを実行したのは富士企画でした。

このように銀行融資は情報戦の一面もあります。

そもそも4月の段階でその情報を知っていたのは、富士企画を含めた5社だけです。そうした情報をいち早く入手していたこともあり、当社は木造のアパートを売れるようになっていました。

その他にも耐用年数を超えた物件に長期融資をしていた信金が、急に出さなくなったケースもあります。しかしその後、鑑定評価を入れれば長期融資が可能な地銀も出てきています。

結局のところ、金融機関の潮流は、流行っては廃れての繰り返しです。それを察知している不動産会社のほうが融資を付けられるので、高く売れる可能性も上がるものです。

逆にそうした情報を持たない不動産会社だと、「融資が付かないから」と低価格で売ることになったり、逆に誰も買えないような高値をつけて何年も売れなかったり、思うような売却ができない可能性があります。

## コラム❶ こんな業者にいくと買い叩かれる！

売却といえば、「高く売れて儲かった！」という話ばかりを耳にして、買い叩かれている人たちの実情を知る機会はあまりないと思います。

本書の読者さんであれば大丈夫でしょうが、投資物件を扱っておらず一般住宅だけを扱っている不動産会社への相談は損をする可能性が高いです。

とくに築年数が経った物件は要注意です。区分マンションなら旧耐震の物件（1981年5月31日までに建築確認を行った建物に適用された耐震基準）、戸建てなら昭和築の物件などは、高い値段がつかないイメージを抱く人もいるでしょう。

耐用年数を超えた木造物件だと、「築年数が22年経っていると建物価値はゼロなので、土地値じゃないとダメですね。むしろ入居者を追い出さなくてはならないので、立ち退きや解体費を考えると、これくらいかかります」などと言われるかもしれません。

そういう物件が市場に出てくるケースも稀にあります。「なぜこんなに安いんだろう？」という物件は、査定が間違っているのです。

ただ、こうした物件はすぐに買付が殺到する傾向にあるので、市場で買うことはなかなか難しいでしょう。いずれにせよ、投資物件の場合「木造は22年で価値がゼロ」は間違いです。旧耐震マンションでも立地が良ければ問題なく売れますし、戸建ても土地の価値が高ければ建物価値がゼロであっても充分高く売れます。

銀行の評価と税務上の評価はそうだとしても、実際の取り引きではあり得ません。そのような不動産会社がいたら、嘘をついているか、前述したように住宅だけを扱っていて収益不動産の知識がない業者だと思ったほうがいいです。


ほかに買い叩かれる理由として、急いで現金化したい場合もあげられます。実際、私も相談を受けた人からアパートを1000万円で購入したこともあります。市場に出したら倍くらいで売れる可能性のある物件でした。

しかし、この売主さんは地主さんで相続税の納税資金が必要なため、すぐに現金化されたい希望でした。「現金ですぐ買う場合は1000万円になりますが大丈夫ですか？　その場合、買ったあと1500万円で市場に出しますが、それでもいいのでしょうか？」と確認しました。

すると、「時間をかけられないので、それで構いません」とのことでした。このように正直に説明をする不動産会社は少ないでしょう。多くの不動産会社は、相手が売り急いでいるとわかれば、あえて相場よりも低い金額を提案して、上手に値下げ交渉をしてきます。

ここでお伝えしたいのは、売却を依頼する際、まずは相談をした業者が「買う」と言ったら、「安すぎるのかな？」と考えることです。

買取業者は、不動産の仕入れをする業者ですから、安く買って高く売りたいと考えており、それは当たり前のことです。ですから、業者買取よりも市場の一般の消費者に売るべきです。そのためには、急いで売る状況を避けたほうが賢明でしょう。

業者買取を検討するのは、よほどトラブルを抱えていたり空室が多かったりなど、一般の人が買いづらい場合の選択肢にしましょう。

第2章

# 「もったいない…」「騙された…」と後悔しない！「売却のための基礎知識」9つの視点

## 1、有利な売却のためにすべき準備

売却をすると決めたら、自分の物件の状態を正しく把握する必要があります。

### ○所有年数・築年数

所有年数は、短期譲渡と長期譲渡によって売却益にかかる税率が変わります。

木造の場合、同じ耐用年数が切れの物件でも平成以降は人気で、昭和の物件は売りづらくなってくるでしょう。平成時点の大正が、令和でいうところの昭和に値するイメージです。

したがって、昭和の物件（特に旧耐震基準）はできるだけ早く売却し、可能なら平成の物件に入れ替えることをオススメしています。

### ○入居状況の確認

まずは空室の有無です。続いては、管理会社を通じて、保証会社に家賃滞納がないかの確認を入れます。入金はされているものの、実は家賃滞納があり、それを保証会社が代理弁済しているケースがあります。

管理会社に入居者のクレームがないかも確認します。なかには「○○を直してほしい」といったクレームが上がってきているのを無視しているケースもあります。無視していなかったとしても、管理会社でクレーム情報が止まっているケースは意外とあります。すべて報告している管理会社もあれば、報告しない、もしくは事後報告の管理会社もあるので注意してください。

こういった経緯を聞き出しておかないと、後になって買主さんとのトラブルに発展する可能性もあります。

### ○建物の状態

リフォーム履歴を取っておくのもポイントです。満室の場合は、室内写真があるとよいでしょう。リフォームをした場合は、リフォーム後の写真が必要です。高く売るためには、コストをかけて外壁や屋上防水などを直すほうがいいですが、売却を検討した後にお金をかけられる人はなかなかいないものです。私たちも「直せば高く売れますよ」と断言できません。とはいえ、直さなければ当然その分はリスクとして見なされるので、売却価格は低くなります。

※不動産会社が売主の物件でキレイな物件が多いのは、そのほうが高く売れると知っているからです。

### ○収支確認

収支がどうなっているのか。残債はどれくらいあるのかの確認です。

基本は相場を見て売却価格を決めるのですが、明らかに残債が相場よりも高ければ、その点も考慮します。また、変動金利なのか固定金利なのかも確認します。長期固定金利や全期固定金利で借りていると、違約金が設定されている場合がほとんどです。例えば、「固定10年で借りていて5年目で返す」となったら、返済額の何％かを支払う必要があります。売る可能性があるときは変動金利にしておきましょう。

いずれにしても自分がどういう金利条件で借りているのか、どれだけ残債があるのかを考え、それでプラスになる、もしくはマイナスとなったとしても受け止められるかを判断します。

基本的には、自分で買う際に「欲しかったのは何か？」を思い返せば売却の準備は整います。皆があると喜ぶと思うものを、準備していくのがコツです。

これらの事前の確認を怠ると、思わぬトラブルが起こることもあります。

例えば引き渡しにあたり、町内会費や隣人がクレーマーといった細かい情報を、知っていたのに言わなかったとすれば後から問題になります。

そうしたトラブルを想像し、フォローするのが不動産会社の役割だと思っています。

当社の場合、売買契約書に添付する付帯設備表を日々改良しています。付帯設備表とは、売買する不動産に関する設備の有無や、故障や不具合の有無などの情報を買主さんへ共有することで、大きなトラブルの発生を未然に防げます。

巻末付録にこの書類の例を紹介しています。

## 2、媒介契約の種類とポイント 一般媒介・専任媒介・専属専任媒介の3種類

続いて、媒介契約の種類とポイントについて解説します。不動産業者に売却を依頼する際の契約方法には、**「一般媒介」「専任媒介」「専属専任媒介」**の3種類があります。

**○一般媒介契約**

複数の業者と契約でき、売主さんが買主さんを見つけて契約もできる。「レインズ」（不動産業者間の情報ネットワーク）への登録義務はなく売主さんの希望による。不動産会社からの販売状況の報告義務はありません。

**○専任媒介契約**

1社のみと契約し、それ以外の会社と契約した場合は違約金が発生。売主さんが買主さんを見つけて契約するのは可能。「レインズ」への登録義務は介契約締結の後、7日以内。専任媒介は報告義務が2週間に1度となります。

**○専属専任媒介契約**

1社のみと契約し、それ以外の会社と契約した場合は違約金が発生する。売主さんが買主さんを見つけての契約は不可。「レインズ」へ登録媒介契約締結の後、

5日以内。専属専任を受けると、1週間に1度の報告義務が生じます。

一般媒介であれば、複数企業で取り扱えます。専任媒介と専属専任媒介は1社限定です。

専属専任の場合は、友人に買いたいと言われても、不動産会社を通さない取引はできません。

不動産会社によって考え方は異なりますが、専属専任を結ぶとその不動産を扱う場合は必ず委任されている会社を通さなければならないので、中には専属専任を取るように指導している会社もあります。

一般的に不動産会社が最も取りたいのは専属専任だと思いますが、私は専任媒介を取るようにしています。専属専任とすると、例えば自分の親や身内が買いたい場合も私たちを通すのは酷に思いますので、専任媒介を提案しています。くわえて、当社ではログ解析の確認やメルマガの配信などを優先して行うようにしています。

お客様の中には、あちこちの業者に依頼する方もいます。業者の立場からすると、他社にも依頼しているのであれば、「それなら他で売ってもらえればよい」と思われて、時には疎かにされてしまうこともあるでしょう。レインズに掲載して競合と争っても仕方ないのです。

たまに「一般媒介だから急いだほうがいいですよ」と言われますが、そこまで入念に対応する気になりにくいものです。複数社に頼み、いずれの企業からもやる気を削いでしまうのは残念なことです。

もちろん、業者によって抱えているお客さんが異なるので、さまざまなところに依頼したほうが高く売れる可能性があるのは事実です。ただ、業者も人間なので、専任させてもらえるものを優先してやりきろうと思うのは自然なことで、一般媒介ではやはり後回しになりがちです。

不動産業者を信用しきれない売主さんがいることもわかってはいますが、一般媒介でも1カ月以内は他社に相談しないほうが一生懸命になってもらえるものです。

契約期間は3カ月ですが、他社に相談するタイミングについての規定はありません。1カ月限定となると、時間がないのでやる気を出してもらいやすいと思います。

## 3、査定の極意

売却専門サイトに登録すると、複数社まとめて査定依頼ができるので便利ですが注意点もあります。

物件情報を打ち込むと、後日メールが届いて売却価格が提示されます。大前提として、一括査定で出せる価格はあくまで希望小売価格のイメージで、その価格で売れるとは限りません。

また、この価格は会社によって異なります。売却件数を稼ぎたい会社は高めの価格を提示しますし、売却依頼数よりもしっかり売れる物件が欲しい会社は現実的に売れる価格を提示するケースが多いでしょう。

ちなみに、当社は後者です。実際にその金額で売れないのなら、高めの価格を提示しても意味がないと思っているからです。


一般的に、一括査定を行っている不動産会社は、相場より少し高く提示するほうが多いと言えます。それは多くの不動産会社が、「売却委任を取るためには高く査定をしたら依頼をしてくれるだろう」と思っているからです。

ですから、ユーザー側としては「高い査定＝高く売れる」ではなく、「売却件数を取りたいだけのための価格なのでは？」と疑うことが大切です。

特に、相場より著しく高い価格を提示された場合は注意です。5000万円が相場なのに、「うちなら7000万円で売れますよ！」などと言ってくるケースです。

高い金額を提示されると、その会社に依頼したくもなりますが、現実はその価格で売れるわけではなく、少しずつ下げていくことになります。「高い査定額を出した会社には注意」と言えるでしょう。

見極める際には、前述した通り「買ってくれるお客さんをたくさん抱えているか？」「融資が付けられる会社か？」という点を重視してください。

ただ、戸建てや区分マンションはマイホーム層に売れる可能性がありますし、有利な金融機関から融資を受けられる買い手だったら高値で売れるかもしれません。

ですから、高い数字を出した業者を盲目的に信頼して売却依頼してはいけません。慎重にヒアリングして、まずは3社程度は候補を選ぶことをオススメします。

もしも悪質な業者と取引したら、安値で買い叩かれるリスクの他にも、トラブルに巻き込まれて、買主さんから訴えられるケースもあります。ですから、第1章で前述したように付き合う業者は慎重に選ぶべきです。

当社では、売却査定は「売ってほしい」という依頼を受けてから行います。

私が依頼を受けたときには社内査定もしています。情報を社内ＬＩＮＥで流し、いくらで売れるか社員に聞きます。すると社内でも価格差が出ますので、その平均を参考にします。

なぜ同じ会社なのに、社員によって価格差が生じるのでしょうか。それは経験や感覚の違いです。社員には「相場の価格」と「最低の価格」を伝えてもらっています。最低の価格とは、即日で買付が入るような価格です。相場の価格は３カ月くらいで売れる価格です。

すると価格差が出るので、私は自分の意見と社員の意見がどうなのかをすり合わせた上で、お客様のところに行って話をします。

その際、ＬＩＮＥの意見も生の声として、そのまま見てもらうこともしています。とはいえ、今は私に依頼が来ることはあまりないのですが、私の元に来たら、このように対応しています。「誰か営業担当を紹介してください」と望まれたときは営業を紹介しています。

査定では、「銀行評価」も重要です。相場では5000万円で売れる物件でも、銀行評価が4000万円の場合、その差を埋めるために買主さんは1000万円の自己資金を入れなければ買えません。

ただ、この価格帯で1000万円を入れられる人は皆無とは言えませんが、そこまで多くいません。そこで価格を下げたほうが売りやすくなります。

この場合、「相場では銀行の評価が足りないので価格を下げましょう」という説明になります。

例えば築古の木造物件の場合、法定耐用年数の22年を過ぎていれば建物の価値はゼロと見なされます。しかし、土地値が高ければ融資がつくケースもあります。

逆に、そこで土地値もなく建物評価も出なければ、「現金でなければ買えない物件」となり、高く売るのが難しいと判断されます。

しかし、この物件が銀行評価の観点では土地値は出ないものの、好立地にあり賃貸需要がとれる場所で高稼働しているのであれば、「現金でいいから買いたい！」という人が現れる可能性もあります。

## 4、契約不適合責任とは？

2020年4月に施行された「契約不適合責任」とは、売却した後に買った人が目的を達せられないとき、売主さんの責任で直さなければならないものについての事項です。具体的には、雨漏りやシロアリなどがあげられます。

かつての民法では「瑕疵（かし）担保責任」とされており、隠れた瑕疵（雨漏りやシロアリ被害、建物の躯体の欠陥など）が見つかった際に、「売主さんがその責任を取らなければならない」という内容でした。

民法改正により「瑕疵担保責任」が「契約不適合責任」に変わりました。まず「瑕疵」という言葉は使われなくなり、「契約の内容に適合しないもの」と改められました。

期間も瑕疵担保責任が「契約までに存在した瑕疵」が対象になるのに対して、

契約不適合責任では「物件に引渡し時までに存在した不適合」が含まれます。

また、「隠れた瑕疵」である必要もなくなりました。買主さんが瑕疵を知らなかったかどうかは解除の要件として不要になり、瑕疵があった場合、売主さんへ「修繕を求める」「代替物の引き渡し」「不足分を引き渡し」などを請求できるようになりました。

売主が応じない場合には、催告して代金の減額を求めることもできます。

くわえて、契約の解除についても事前の催告が必要なものの、解除できるケースが増えることも想定されています。

損害賠償については、従来の信頼利益（有効でない契約が成立したと誤信したために生じた損害）だけでなく、履行利益（契約が履行されていれば発生したであろう利益）も対象となり、買主側に有利な印象を受けます。

とはいえ「契約不適合責任」は瑕疵担保責任と同じく任意規定であるとされているので、契約で「契約不適合責任免責」とすることは可能です。

## 5、情報は出しすぎない

売却の際はネット広告を打ちますが、このとき注意すべきなのは、情報を出しすぎないことです。

一般媒介だといろいろな業者に依頼できるので、「広く周知したいから」との理由で幅広く広告を出していくと、物件情報が画面を埋め尽くすくらい検索結果として表示されてしまう場合があります。

そうすると売れ残りだと思われてしまいかねません。

買いたい人は、その物件がいつから売りに出されているのかを質問するものです。その質問の裏には「長く売れ残っている物件には、何か問題があるのでは？」という不安があるケースと、「長く売れ残っているなら大幅値引きができるだろう！」と指値されるケースの2種類です。

第1章で解説したように、「健美家」「楽待」などのポータルサイトであれば、登録している業者はアクセス解析を見ることができます。誰もクリックしないような状態で、ずっと掲載していては全く意味がありません。

誰かがポチっとクリックしていれば履歴が残るので、まだ可能性はあるわけです。誰もクリックしていないのは興味がないからです。

いずれにしても、「売れ残り物件だから辞めておこう」「売れ残り物件だから安く買える」と思われて、売り手にとって有利には運ばないため、一度情報を落としたり、金額を変えてみたりとコントロールする必要があります。

このように反響実績を確認して管理すればよいのですが、一般媒介だとそこまでの力を入れるのは現実的に難しいため、アクセス解析を確認するには専任もしくは専属専任で依頼したほうがいいでしょう。

ポータルサイトに掲載したら、必ずアクセス解析のデータを見せてもらってください。アクセスのない事実がわかれば、いったん取り下げて金額を変えるなど、売るための策を練りましょう。

なかなかポータルサイトのアクセス解析まではしてくれませんので、アクセス解析の閲覧を依頼し、自分で確認するようにしてください。アクセス解析さえしていれば、失敗はほぼありません。

人がクリックしないものは、ずっとほったらかしの状態のまま陳列されているようなものです。

不動産会社によっては本来掲載義務のあるレインズへは出さず、ポータルサイトにだけ掲載している場合もあります。自社付けしようとしている場合はレインズに出しません。

さらに高額査定する不動産会社のなかには、「ポータルサイトに出しました」と言っておきながら、じつは出さない杜撰な会社もあるようです。

業者にとって大事なのは売るか売らないかではなく、契約更新のタイミングである3カ月後です。委任を取って売れない場合、3カ月後に高めの価格から相場の価格へもどすのもひとつの方法です。

ただ、やはり当社ではそのような煩わしいやり方をするくらいなら、無理をしてまで委任を取らなくてもよいのではないかと判断しています。

耐用年数を超えた物件は、建物ではなく土地を購入する感覚で「売ってほしい」と言われることがあります。しかし、建物が使えない状態ならともかく、家賃を生み出す収益物件であれば、それが耐用年数を超えていても価値はあります。

私であれば「土地値以上の価格で売れますよ」とアドバイスしますが、不動産会社によっては「それでは土地値で買いますよ」と言うかもしれません。

## 6、ポータルサイトは〝出会い系サイト〟

そもそも不動産会社はポータルサイトを通じて新規のお客様を探しています。掲載している物件を買ってくれたらそれでいいのですが、「物件の問合せはきっかけのひとつ」として捉えています。ですから選んだ物件を買わない場合でも、他の物件の提案につなげていこうと考えています。

それが、不動産会社にとってのポータルサイトの利用意図です。

高めの価格で掲載しているだけでは何の戦略も持たない、ただの放置に過ぎません。売主さんからしてもメリットがありません。

当社にとっても、ポータルサイトはまさに出会い系サイトと同じです。お客さんとのきっかけを作るためのものなので、出せば売れるとは全く思っていません。新規の投資家さんから問い合わせをいただき、次につなげる手段としての役割が大きいのです。

## 7、多くの投資家は未公開物件を求めている

当社では、メルマガ登録者だけで3万人以上いますので、反応の良し悪しはメ

ルマガに掲載したほうが分かります。メルマガで反応がないものは、やはり売りづらいです。

当社のお客さんは物件概要をきちんと精査する方が多いので、営業も厳しい目線を持つようにしています。つまり相場からかけ離れた値付けは行ないません。極端に安く売ることもなければ、極端に高く売るケースも少ないのです。

実際に契約をしている内容をみると、クリスティ・富士企画で一般公開されていない物件の取引数は、感覚としては全契約の中の8割です。

数年前は7割ほどでしたが、当社の預かり分だけでなく他社からの持ち込み物件数も増えて、表に出ていない物件の取引が多いです。これは、インターネットで公開される前に、買いたいお客さんへ情報が届いていることを意味します。そのため、物件を探している投資家さんもポータルサイトに出ている物件は「売れ残り」の印象を持っている人が一定層おります。

ですから、自分が売るときに印象を下げたくないので、売却の依頼を預かったとしても出さないほうがよいと考えるようです。実際、出す必要性はありません。とはいえ、物件によっては「レインズ」に登録して売却することもあります。

メルマガでは売れないような高めの値段で設定してレインズで放置する方法は、見方によっては王道のひとつと言えます。

レインズは業者間の話ですので、一般の方向けのポータルサイトとは事情が異なります。

情報を一般公開するか（レインズに掲載をするか）、それとも未公開物件（一般公開しない物件）として売っていくのかの見極めは大事で、それをわかっているか、また情報を出した際にもコントロールができるか否かも業者選びでは大切な基準です。

## 8、売却依頼から契約・決済までに必要な書類と手続き

ここでは、売却を決めてから決済するまでの手順を解説します。

## ○売却依頼

売却を決意したら、まずは不動産会社に相談します。

その際は、大手の会社、地元の会社、当社のような投資専門会社の3つに話を聞いて比較するのがいいでしょう。

提示される金額が一番正しいのは投資専門会社だと思いますが、地元の管理会社や大手の会社に話を聞けば違った客層がいる場合もあります。その上で、総合的に判断します。

## ○売却価格の決定

売却価格は、値引き交渉（指値）がされることを前提として価格設定します。3000万円で売りたいのなら、指値がされる分を上乗せして3180万円で売りに出すイメージです。

その際のポイントは、利回りの下限を見ること。利回り8％台で3180万円、利回り9％台で3170万円なら、3170万円のほうが「利回りの高い物件」として売り出せます。

そのうえで指値が入ったら「端数はお引きできます」と対応したほうが、よりまとまりやすくなります。

とはいえ、なかには「残債があってこれ以上は安くできない」というケースもあります。この場合、自分がいくらまで持ち出せるか決めることになります。

また、修繕状況が物件の価格に影響するので、今後にお金がかかる状況だと査定が低くなる可能性があることについて紹介します。

一番高く売れるのはリフォーム直後、かつ満室時です。不動産屋が売りに出しているのは、基本的にはキレイなものばかりなのですが、それはまさに、一番高く売れるポイントを把握しているからなのです。ぜひ皆さんも真似してください。

### ○売買契約

前述したネット広告などから問合せがきて、金額が折り合えば売買契約に進みます。売買契約時には、買主さんが売主さんに対して「手付金」を支払うのが一般的です。手付金の相場は、不動産売買価格の5〜10％程度で、現金で手渡しするケースが多いです。

また、買主さんが融資を使う場合は、契約に「ローン特約」を付けます。

これは決められた期日までに、金融機関から融資承認が得られないときは、無条件で契約解除できるというものです（手付金も返金）。

現金購入でない限り、収益不動産、マイホーム用の不動産いずれにも「ローン特約」がつくケースは多いです。

**○決済**

決済とは、買主さんが売主さんに売買代金（残代金全額）を支払うことをいいます。

同時に、賃貸契約書の原本、図面関係。権利書、鍵の引き渡しが行われます。

これらの書類や鍵は、紛失してしまった場合でも対処できるのですが、事前に把握しておく必要があります。

物件を売ろうと思ったときに、賃貸契約書の原本と権利書（登記識別情報通知）については、最低限確認したほうがいいでしょう。

## 9、転売をするのは法律違反なの？

転売が違法かどうかも多い質問のひとつです。この回答は、「反復継続的に繰り返すのは違法」です。

不動産を「売買・仲介」を反復継続して、「業」として行う場合は宅建業免許が必要です。

宅建業の許可を持たない個人投資家さんが繰り返し転売を行うと、それは宅建業法違反となります。

相続した不動産や購入したマイホームを、住み替えのために売却するケースでは問題になりませんが、収益を得る目的で行う不動産の転売は不動産会社の仕事なのです。

もしも宅建業法違反となれば、無免許営業として「懲役3年以下、もしくは罰金300万円以下が課せられる」とされています。

そこで問題となるのは、「何回売却すれば、反復継続と見られるのか?」です。これには諸説あり、「1年に3回まではOK」「数年所有してから売却すればOK」などと言われていますが、明確にはされていません。

所有した後、何年運用すればよいという基準はないので、2~3年の運用の場合はグレーだと言われています。

厳密には「売却益を得ることを目的に購入した不動産の売却」を複数回行えば、それは業法違反ではないでしょうか。

実際に指摘されている人はなかなかいませんが、お金を作るために一戸建てを安く買って直し、高く売る方法は、1年に何度も行うと業法違反になる可能性があるので注意が必要です。

また、1つの土地を2つ以上に切って売るのは完全にアウトです。地主さんの相続などで、大きい土地を売ってから分譲開発する場合もありますが、分譲開発できるのは業者です。広大な宅地は、まず業者に売らねばならないのでとても割安になってしまいます。

我々業者側のリスクとしては、個人の投資家さんが不動産を何度も売却していることを知りながら、売却の仲介を繰り返していると、宅建業法違反幇助（手助けしている）と見なされる可能性もあります。

家賃収入（インカムゲイン）ではなく、売却益（キャピタルゲイン）を得ることを中心に不動産売買したいのであれば、宅建の免許を取りましょう。実際、専業大家さんから宅建業を取得してプロになっている方も多くいらっしゃいます。

## コラム❷

# 気を付けよう！　家賃滞納の罠

リアルタイムでの入居者情報は、個人情報の観点から購入が決まるまでなかなか得られないものです。

ですが、買う人の気持ちからすると、入居者の情報を知らないと買えないものでしょう。

入居者情報は契約時に教えていますが、その際に困惑しないように当社では事前確認を徹底しています。

家賃面でいうと、聞いている情報と合っているかどうかは、元々の賃貸契約書と売却時点の賃貸契約書の照合でチェックします。

ただ、家賃報告書上では滞納がない場合も、管理会社を通じて保証会社に確認すると滞納が発覚するのはよくある話です。

この誤認が生じるのは、オーナーや管理会社としては、「毎月入金があるため滞納なし」と認識していても、家賃保証会社が補填している場合があるためです。

保証会社によっては最初から代理弁済するときもありますし、対応方法はケースによってバラバラです。昔は家賃が入ってこないと保証会社へ請求するのがほとんどでしたが、今では保証会社へ入金して保証会社が送ってくるパターンも増えています。

そうなると、入居者が家賃を払っているかどうかは、オーナーや管理会社にとってはどうでもいい話になるわけです。ですからオーナーも管理会社も把握するのは困難でしょう。

保証会社からは、2カ月滞納になると管理会社へ連絡が来ます。さらに1カ月遅れると、「裁判手続きに入るための書類を送るように」との連絡が入り、滞納の事実をしっかり認識します。

仮に2カ月遅れている状態で新しい人が購入すると、新しい方の名義でそこからさらに2～3カ月滞納しないと裁判に進めません。

売った後に家賃滞納があると、「ちゃんと払ってくれていると聞いていたのに酷い！」と憤慨され、今度は売主さんが訴えられます。売主さんとしては「そんなこと聞いてなかったよ・・・」と寝耳に水でしょう。

不動産屋は、売主さんに滞納がないかを必ず聞きますので、売主さんは気づかなくてはなりません。この場合は売主さんの責任です。

対策法として、滞納の有無を保証会社へ確認してもらえるよう、管理会社に依頼する必要があります。滞納があるかの回答はすぐにもらえるでしょう。

売却することを管理会社に伏せている場合もあるので聞きづらいものですが、聞かないと仮に滞納があった場合、トラブルに巻き込まれる可能性があります。


買主さんは、家賃滞納に対して絶対に苦情を出してきます。

買主さんによっては、滞納はもちろん同時期退去が発生した場合も「騙されたのではないか」と疑いの心を持ちます。

ですから売主さんは気をつけなくてはなりません。投資物件の取引対応に慣れている不動産会社であれば適宜フォローしてもらえますが、慣れていない不動産屋だと、管理報告書を見ただけで「滞納はありませんね」で終わる場合もあります。

売主さんから「滞納なし」との報告が来たことで、不動産屋は逃げられるのです。

# 第3章

# 私がサポートした売却成功事例

## ～マイホーム区分所有から、木造アパート・ＲＣマンションまで～

## 1、木造アパートの売却事例
### ◯東京都在住　Aさん（40代前半・上場会社）

**物件情報**

購入価格：1350万円　売却価格：1600万円
エリア：埼玉県深谷市　高崎線／深谷駅　徒歩12分
間取り：2K×4　※満室稼働中
構造：木造2階建　築年数：昭和61年

売主のAさんは上場会社に勤める40代前半のキャリアウーマンです。年収は1000万円以上もありますが、築古物件を中心に何棟か買っていただいています。

この物件はクリスティから約3年前に1350万円で購入して、2023年5月に1600万円で売却決済されました。

当時の売り出し価格は利回り12・29％の1480万円でしたが、指値交渉の末に利回り13・48％の1350万円で購入することができました。

このAさんから今年の2月頃に「売却するとしたら最大でいくらになる可能性があるか」と聞かれました。できれば利回り12％は欲しいですが、地元の経営者など埼玉県内の信用金庫で取り組めそうな方をターゲットに絞れば、11％台の1650万円の可能性もあると伝えました。

そこで、売り出してみたところ、結果的には1600万円の価格交渉が入りました。現金購入ということもあり、その週に買付をいただき決済できました。

買主さんは、埼玉在住の自営業者で、ちょうど「自宅の近所に物件がほしい」と探されているタイミングでした。

3月に売却依頼を受けて、4月中に決済となりました。この方はキャッシュで購入されたので、短期譲渡税を支払っても十分にお金が残ります。この資金を頭金に、次はもう少し築年数が新しい物件を買いたいとのことでした。

## 2、木造アパートの売却事例

### ○東京都在住　Bさん（40代前半・飲食店経営）

**物件情報**

購入価格：不明　売却価格：2100万円
エリア：千葉県船橋市　新京成線／塚田駅　徒歩14分
間取り：1R×6　※全室空室
構造：木造2階建　築年数：平成6年

この物件の前オーナーであるBさんは都内で飲食店を複数店舗経営しており、社員寮として船橋市に小ぶりのアパートを所有していました。

長引くコロナに資金繰りも悪化、お店を数店閉めて社員寮も売却することになり、ご相談をいただきました。

物件は船橋市内でもマイナーな塚田駅から徒歩14分、しかも狭小タイプのワンルームでバス・トイレは3点ユニットのうえ、社員寮として使っていましたから入居者はゼロ。つまり全空物件です。

くわえて資金がないということで、室内の原状回復は一切されていません。このケースは全部屋が空室ということもあり融資はつきにくく、現金化を急いでいたため安く売り出されました。

売却の相談を受けたのは去年の12月です。年が明けて売却活動をしたところ、すぐに現金買付が入りました。

購入したのは、奇遇にも同じような飲食業を営む法人さんです。本業の飲食業が厳しいので内部留保を使って不動産賃貸業を始めたい意向があり、金額が手ごろという理由で現金で購入されました。

購入後、買主さんは1部屋50万円ほどかけてリフォームをしました。タイミングよく繁忙期に間に合わせることができて、部屋の修繕が終わってほどなく満室となりました。その結果、利回りは12％となりました。

全空でリフォームをしていなくても、物件価格を下げれば売却できるという事例です。

また、ワンルームは競争力がないように思われますが、そんなことはありません。きちんと室内をリフォームして、相場家賃で貸し出せば入居は付きます。

## 3、軽量鉄骨アパートの売却事例

○群馬県在住　Cさん（30代・公務員）

**物件情報**

購入価格：2200万円　売却価格：2600万円
エリア：群馬県高崎市　高崎線／南高崎駅　徒歩8分
間取り：2K×6　※満室稼働中
構造：軽量鉄骨2階建　築年数：昭和63年

7年前に2200万円で購入し、購入時の価格より高く売却できた事例です。

売主のCさんは、群馬県前橋市在住の公務員です。地元の信用金庫でローンを組んでいました。築古物件ではありますが、しっかりと大規模修繕もされており管理状態は良好で、高稼働が続いている物件です。

購入時より高く売れることが見込めるため、長期譲渡になる5年を過ぎてから営業担当が売却の提案をしたところ、「ぜひ、売却をしたい」と言っていただけました。

買主さんは60代のサラリーマンです。相続でまとまったお金が入ったので、安定的な家賃収入を目指して現金で購入しました。利回り10・37％、2600万円です。大規模修繕をしているため当分お金がかからず、地元ではよい場所にあることも強みでした。

## 4、木造アパートの売却事例

### 〇茨城県在住　Dさん（70代・農業）

**物件情報**

購入価格：不明（ご主人から引き継ぎ）　売却価格：3000万円
エリア：茨城県日立市　JR常磐線／勝田駅　徒歩30分以上
間取り：1K×10　※満室稼働中
構造：木造2階建　築年数：平成12年

茨城県在住のDさんはご高齢の女性で、ご主人から引き継いだアパート経営と農業をされています。年齢的にアパート経営も農業も辛くなったという理由から売却を考えられました。

当初は地元の不動産会社に依頼したのですが、地元の管理会社からは「利回り

20％程度ないと売れない」と言われており、査定金額は2500万円でした。ほかに不動産会社を知らず、その金額で売りに出したのですが、なかなか売れなかったため当社に相談が来ました。

私が調べたところ3000万円の査定が出たので、それを告げたところ、「3000万円で売れるのであれば、ぜひお願いしたい」とお話をいただきました。

そこで指値されることを留意して、3180万円で市場に出したところ、180万円の指値交渉が入り、希望通り3000万円で売却できました。売却時の利回りは15％です。この3000万円という金額は当時の市況からいえば妥当な価格です。

しかし、前の不動産会社では、高利回りで売りに出していたにもかかわらず、なぜ売れなかったのか・・・。それは地元の会社が収益不動産の売り方を知らなかったのではないかと推測します。

この物件を購入したのは、東京に在住している30代のサラリーマン投資家さんです。

3棟目の購入で、もともと地方ではなくて首都圏での物件購入を希望されていましたが、地方でも安定して入居が見込めるだろうと購入を決断されました。

実際、この物件のレントロールを確認したところ、ずっと安定して稼働しているため、賃貸需要は十分と判断しました。

融資は当時、積極的だった日本政策金融公庫で35歳までを対象とした若者、女性、シニア起業家支援資金に該当して15年ローンを引くことができました。

この案件を通して感じたのは、売主さんが「地元の不動産会社だから相場などを詳しく知っていて、相談すべき相手だ」と思い込んでいるということです。

しかし、収益物件に関していえば、買主となる投資家さんの多くは首都圏在住です。それを地元の不動産会社に限定してしまうと、売却の可能性を狭めてしまいます。

## 5、マイホーム（区分マンション）の売却事例

### ○東京都在住　Eさん（40代前半・自営業）

**物件情報**

購入価格：2900万円　　売却価格：3400万円
エリア：東京都世田谷区　京王井の頭線／仙川駅 徒歩8分
間取り：2DK×1（区分マンション）　※満室稼働中
構造：RC造2階建　　築年数：昭和62年

10年以上前に投資物件を買っていただいたお客様から久しぶりにご連絡がありました。世田谷区下北沢にある自宅マンションを売却したほうがいいのか、貸したほうがいいのかというご相談です。

お子様が大きくなられて1人部屋が欲しい年ごろになり、手狭なマンションか

ら3LDK程度の家に住み替えたいとのことです。

自宅の購入はもう10年以上前で場所は下北沢です。少し古い昭和62年築の2DKタイプのマンション一室ですが、管理組合はしっかりしていて建物全体の修繕もきちんとされているので、買った当時より高く売れそうな状態でした。


物件査定をさせてもらい、購入時の金額と残りの返済額と「今、売却したらいくらなのか、貸したらいくらになりそうだ」など、その辺りの話をしたところ、今のタイミングなら売却したほうが得という判断のもと、売却を決意されました。

新しいマイホームに関しては、いい物件に出会えれば買換えたい希望がありましたが、高く売れる時期は、割安物件を探すのは難しい話をしたところ、売却先行で一旦は郊外にある広めの賃貸物件へ引っ越して、相場が少し安くなってきたら購入を検討するという方向で進める様になりました。

マイホームの住み替えを希望される方は多いものです。その際、資金的に余裕があればいいのですが、タイミングよく売れないと資金が足りなくケースもありますから、まずは売却の目途をつけたほうが良いでしょう。

売却の過程で新居がタイミングよく見つかればいいのですが、良い物件が現れるのは運でもあります。そこが難しいので「一旦は賃貸でもいいか！」と決めたほうが売却はスムーズに進むケースが多いです。

## 6、軽量鉄骨アパートの売却事例

### ◯埼玉県在住　Fさん（50代前半・食品メーカー）

**物件情報**

購入価格：3000万円　売却価格：4000万円
エリア：茨城県取手市　JR常磐線／取手駅　徒歩19分
間取り：A棟2DK×4／B棟2DK×6　※満室稼働中
構造：軽量鉄骨2階建　築年数：平成4年5月

売主さんは大手食品メーカーにお勤めの50代で、年収は700万円程度。4年前にクリスティで初めて不動産を購入されてから規模拡大されています。

売却された物件は、Fさんにとって2棟目の物件で、3年前に利回り15％、3000万円にて他社で購入されています。

希望価格4380万円で預かり、4000万円、利回り11・25％で成約し決済済みです。

以前、取手エリアは共同担保が必須でしたが、ノンバンクに事前打診を行ったところ、物件価格が4000万円以下であれば、物件単体で8割融資も受けられるという結果でした。

高値売却をできた理由は、事前打診があったうえで物件紹介できたことがポイントだと感じています。買主さんは、結果的に共同担保を入れることでフルローン融資が受けられました。高値売却とはいえ、買主さんも非常に喜ばれていたケースです。

今年中に売却資金をもとにサラリーマンは退職予定だそうです。話をいただいてから3カ月で売れたこともあり、売主さんはとても喜んでいました。

## 7、RCマンションの売却事例

### ○栃木県在住 Gさん（60代・税理士）

**物件情報**

購入価格：1億1000万円　売却価格：9300万円
エリア：埼玉県春日部市　東部伊勢崎線／春日部駅　徒歩5分
間取り：1DK×24　※満室稼働中
構造：重量鉄骨3階建　築年数：昭和63年

売主さんは、栃木県在住の60代後半の女性、職業は税理士さんです。埼玉県春日部市にある築30年ほどの重量鉄骨マンションを、1億1000万円で相続税対策や所得税対策のために購入されています。

購入して1年ほど経ちましたが、管理会社と上手くいっておらず、売却したいということで、紹介者さんを通じて相談がありました。

詳しく話を聞いてみると、その管理会社は「修繕をした」と報告しているにもかかわらず、実際には修繕されていない・・・という不誠実な仕事ぶりでした。

その他にも、入居者対応ができていないなどの問題がありました。

売主のGさんとしては、対応の悪さに不満を持っており、意を決して新たな管理会社に変えましたが、この会社も「滞納があったのに報告がない」と対応が悪く、不満が溜まるばかり。

こんなトラブル続きの物件運営に嫌気がさしたので、売却して別の物件を買いたいという希望をお持ちでした。

紹介者さんから「早く売りたいのなら金額を下げたほうがいい」というアドバイスがあったようで、「とにかく早く売りたいから、金額はお任せする」とのことでした。

そこでまずは1億円で出していたのですが、レスポンスが少ないため9300万円に下げたところ、かなり早く買主さんが見つかりました。

買主さんは、埼玉在住の会社経営者です。地元の取引銀行である地銀で、頭金3割を入れて購入されました。

# 第4章
# 売却のタイミングを見極める

## 1、どんな人が売却を検討するのか

世の中には、収益不動産を買いたい人だけでなく、売りたい人も大勢います。

売却の理由は、「プラスの売却（利益を確定させたい場合）」と「マイナスの売却（損益を確定させたい場合）」の2種類に大別されます。

収益不動産をどんなタイミングで売却するのか、売主さんのタイプ別にご紹介します。

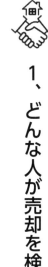

### 【プラスの売却】＝利益を確定させたい場合

現在、当社への相談は「利益を確定させたい場合」のパターンが多いです。利益確定をするために売却する方は、大きく3タイプに分かれます。

### ○売却益を狙って買っている人

利益を確定させて現金を得て、それを元手に規模拡大を行うケースもあります。

そのためには、人が買わないような全空物件や修繕の手間がかかるような物件をできる限り安く買い、できる限り安く直し、それを市場で売って売却益を得ることを狙っています（個人投資家さんの転売については第2章のコラムにて解説しています）。

### ○市況を見て買っている人

融資が受けにくい時期（＝物件が安いタイミング）に物件を購入して、融資が受けやすい時期（＝物件が高くなるタイミング）に物件を売却します。

少額の現金投資ではなく融資を使ったレバレッジ投資では、融資状況が市況を左右します。

融資が出れば出るほど買える人も増え、融資の出やすい物件が人気となります。逆に融資が出にくい状況になると、買える人が減るため価格が下がりやすくなります。市況は繰り返しますので、タイミングに合わせて売買するケースです。

ただし、「市況が良ければ必ず売るべきか？」といえば、そうとも限りません。私は投資家さんから相談を受けて、売ったほうがいいのか、買ったほうがいいのか物件診断を行っていますが、「高く売れそうだな」というタイミングほど「安く買いにくい」ものです。

明らかに「売れば利益が出る」という状況においては、「売って新しく良い物件を買う」ことのハードルが上がり、過去に買った物件と同じような物件が手に入れることがとても難しくなります。そのため「高く売って新しく買いましょう！」とは断言しにくい部分もあります。

売りどきを見極めて現金を大きく得られたら、これまで購入していた物件とは種類を変えるなど、投資手法を変えて進めることもできます。

## ○個人所有の物件が5年以上経過した人

個人で所有する不動産を売ったときの譲渡所得に対する税金は、事業所得や給与所得などの所得と分離（分離課税）して計算することになっています。

譲渡所得は、所有期間によって長期譲渡所得と短期譲渡所得の2つに区分し、税金の計算も別々に行います。

譲渡した年の1月1日において所有期間が5年を超えるものを「長期譲渡所得」、5年以下のものを「短期譲渡所得」といいます。その所得にかかる譲渡税は、短期と長期では倍近く変わります。

当社のお客様で売却を決意される人が多いのは、長期譲渡になる5年を過ぎたタイミングです。必ず売却をするわけではなく、「所有するか、それとも売却するのか」という、判断の一つの区切りになります。

## 【マイナスの売却】＝損益を確定させたい場合

もちろん「損益を確定させたい場合」、つまりマイナスの理由の場合もあります。マイナスでの売却、損切りには3種類のケースがあります。

### ○騙された人

1つめは、悪質な不動産会社やコンサルタントに明らかに騙された人です。具体的には、割高な新築の区分マンションを買ったり、利益の出ない物件を多法人スキームで買ったりなど、業者の言われるまま物件を購入した結果、赤字が続いている人です。

無知ゆえに、自分が不動産投資に失敗していることにすら気づいていないケースもあります。中には収支がマイナスであっても、「将来のための投資」という言い訳を鵜呑みにしています。

破綻した新築シェアハウス「かぼちゃの馬車」も同様で、もともと無理のある方法だったにもかかわらず、家賃保証がされている状況では、多くの投資家さんがその危うさに気づいていませんでした。家賃保証がストップ、運営会社が破綻して、初めて失敗に気づいたケースも多かったのではないでしょうか。

## ○予定通りの収益が得られなかった人

例えば、利回り15％で地方の中古アパートを買ったものの空室が続出して、予想していた利回りをまったく達成できないというケースです。その他にも想定していなかった修繕が重なり、まったくお金が残らないケースもあります。

それなりに勉強をして自分の基準で買ったものの、うまく運営できないパターンで、これもよくあります。

## ○物件を持て余してしまった人

例えば、雨漏りして床の抜けているボロ物件を格安で買ってＤＩＹに挑戦したものの、難しくて自分では直せない・・・と諦めてしまうケースです。または不慣れなＤＩＹに何年もかかってしまった結果、やる気をなくしてしまうこともあります。

自分ではできないので業者に依頼しようとしても予算オーバーになるため、結局どうしようもなくなって「売るしかない」という結論に至ります。

ここまで3種類のケースを紹介してきましたが、一番多く見うけられるのが1つめのパターン＝悪質な不動産会社やコンサルタントに明らかに騙された人です。私のもとへも新築の区分マンションを複数買ってしまい、次の物件を買いたいけれど、所有物件を売らないとローンが組めない投資家さんがいらっしゃいます。

新築区分マンションを購入したケースでは、物件にもよりますが、２００万円、

300万円程度の持ち出しが必要となる場合が多かったのですが、最近はマンション高騰に伴い物件によっては高く売却できる物件も出てきました。とはいえ、失敗している人も多く見受けられます。

例えば、新築区分マンションで毎月赤字を出しているような場合、売却すると300万円程度のマイナスが出てしまう場合であっても、売ったほうが賢明です。毎月数万円程度であれば、ずっと所有していても破産するようなことはありませんが、それでも少しずつ首を絞められている状況が続きます。失敗物件を所有したままであれば、いつまで経っても赤字を垂れ流すことになります。

たとえ300万円程度の損をしても、赤字物件を手放して新しい物件を買える状況になったほうが中長期的には遥かに有利です。

こうした立場の人は、特に新築区分マンション所有者の中に多いのですが、ほとんどの方は損切りできずに持ち続けてしまいます。

新築区分マンションを所有する投資家さんは属性の良いサラリーマンであるケー

スが多いので、そうなると多少のマイナスは給料で補填できてしまいます。危機感を持つのはなかなか難しいですが、少しでも早く売ったほうが賢明です。ぜひ売却への一歩を踏み出してほしいと思います。

基本的にほとんどの人は「買った金額より高く売りたい」と願っていますが、そもそも買った金額が安ければ、どんな時期でも購入金額以上で売れます。

不動産会社は「安く買って、高く売る」をいつの時代も繰り返していますが、同じことは一般の人でもできます。とはいえ、それが利益を出す唯一の方法ではありません。

不動産投資の魅力の一つに、「時の経過と共に残債がどんどん減っていく」ことがあげられます。

5年後に投下した自己資金を超えて利益が出るのなら、投資としては成功です。

高額な利益を転売で儲けようと思ったら、プロと戦う必要がありますが、そこまでしなくとも不動産投資は利益を出しやすいといえます。

逆に、多額の長期間融資を受けていて残債が減っていない場合は、売った時にはマイナスになるかもしれません。

よく「売却して大儲けした！」という話を聞きますが、実際には築年数が経ったから売りたいという人のほうが圧倒的に多く、売却金額が購入金額を下回るケースが通常です。

## 2、「高く」売るための条件とは

高く売るための重要な条件とは、前述したとおり「融資が出やすいか否か」です。

多くの金融機関は築年数の残存期間を重視します。残存期間というのは、法定耐用年数に基づいています。

木造の場合、新築時から22年です。鉄骨造は34年、ＲＣ造・ＳＲＣ造であれば

47年です。この残存期間＝融資期間という考え方が基本となります。

残存期間の条件をクリアできるような新しい物件であれば、どの銀行でも土俵に乗るでしょうし、築年数の古い中古の物件を売却したい場合は、耐用年数以上に融資期間が延びる金融機関があれば、売却をより高くできる可能性が上がります。

不動産投資でよく使われているノンバンクの融資エリアは、沖縄を含め全国です。物件価格に対して、どれくらいの融資が出るかは共同担保次第です。

地方の場合、昔は日本政策金融公庫や融資に積極的な地銀を利用して、うまく借りていた人が多くいました。今も一部の地銀や信金が融資を出していますが、日本政策金融公庫のように日本全国で使えず、営業エリア（その金融機関の支店のあるエリア）を限定されるのがネックともいえます。

どの地方で、どんな金融機関が使えるのか。また、その金融機関はどんな条件の物件が当てはまるのか。どれくらいの収支で融資を受けられるのかを知ることで、売却を見極めるタイミングがわかってくると思います。

また融資以外の要素でいうと、どんなエリアであってもある程度の都市であれば、お金に困っている事業者たちや経営者たちがいる反面、お金が余っていて税金対策や将来の備えのために、現金を収益不動産に変えたいニーズも一定数あります。

首都圏で融資に優位なエリアでいえば、国道16号の内側がひとつの基準です。融資を出す物件も、国道16号の内側を基準にしている金融機関が一定数あります。

つまり、国道16号の内側に物件があるかどうかによって、融資に差が出るわけです。それを理解している投資家さんは、国道16号の内側を狙って物件を探しています。

実際のところ、国道16号の外側にあっても売買はされていますし、16号の内側だと物件の相場が高くなり利回りが低いので、より安い物件を求めて投資エリアを広げていく人も多くいます。

例えば、群馬や栃木といった北関東、今だと山梨や静岡などに広がっています。関西も同様の事象が起こっており、隣県にエリアを拡大して物件を探している人が増えています。

あまりに広いと融資付けが難しくなりますが、静岡県までは出す地銀や営業エリアの広い信用組合などもあります。

## 3、地方物件の売却

融資を基準に考えると、首都圏であれば東京23区内という基準の次に、一都三県の国道16号線内、そこに隣接している県へと広がっていきますが、そうした都市圏に紐づかない地方物件の売却はどうすればいいのでしょうか。

前述した全国を扱うノンバンクの条件に一致すれば、その金利水準に合った利回りであれば売れます。

また地元の投資家さんが、地元の地銀や信金でどのような融資を受けられるのかも基準になります。

しかし、首都圏の投資家さんからすると、そうした情報を得ることが難しいケースもあります。

当社も主要な金融機関や関東圏の金融機関の動向であれば熟知していますが、これが北海道の金融機関、九州の金融機関になると、さすがに網羅できません。

そこで、地方で売るのに最も手っ取り早いのは、物件の価格を安くすることです。高く売ろうとするから難しくなるもので、安くすればエリアを選びません。価格帯が低ければ、現金で買う人も現れます。

ただ、多くの人は安く売りたくないわけです。地方物件を高く売りたいと考えるのなら、自分の物件を購入するのは誰か。その人に融資を出せるのはどこの金融機関なのか。また、その金融機関の出す融資はどんな条件なのかを知るのも大切です。

例えば首都圏なら利回り8％で売れる物件が、北関東なら利回り12％だとします。さらにマイナーな地方へ行ったら利回りが15％あれば売れます。そのようにエリアに合わせて価格を下げるイメージです。

ただし、使える融資が高金利のノンバンクであれば、「利回り12％では売れず、利回り15％以上必要である」というケースもあります。

くわえて、そのエリアならではの相場もあります。全国的に見たらマイナーでも、そのエリアが地元ではとても人気があり、評価も高く地元の金融機関では「利回り８％でも融資を出す」ということであれば、利回り８％で売却ができます。

## ４、銀行評価との乖離をどうするのか

逆に地元の金融機関も使えず、ノンバンクのみということなら、ノンバンクの評価をとります。

例えば、５０００万円で売却したい地方物件に対して評価が３０００万円だっ

た場合、共同担保（共担、1つの債権に対し、複数の不動産に担保権を設定すること）を入れることで、足りない2000万円を補ってフルローンにすることが可能です。

共担に入れる際、物件の評価は買った価格が3000万円程度の場合、1000万円程度の評価しか出ないこともあります。

同程度の評価の物件をもう1棟入れて5000万円のフルローンにするか、それができなければ1000万円の自己資金を出す必要があります。

そうなると、この物件を買える人は「2000万円の評価の出る共同担保を持つ人」、または「2000万円の自己資金を持つ人」になります。このような人が果たして存在するかどうかという話です。

しかし、この物件を銀行評価に合わせて3000万円で売れれば、ノンバンクでフルローンが組める物件ということで売りやすくなります。

利回りは大前提ではありますが、それだけがポイントではありません。銀行の評価との乖離をどうするか、そこまで見なくてはならないのです。

これは地方だけでなく、どのエリアでも共通する話ですが、取り扱いの少ない地方になるほど評価が出にくい傾向にあります。

ただし、乖離があってもエリアや物件の性質など、買いたいと思えるような魅力がある場合は別です。

結局、買主さんがその金額に対して割安感を感じるかどうかなのです。前述したように、割安感があれば地方でも売れます。

私自身、利回りが15％あれば売れるだろうと思っていますが、物によってそうはいかない場合もあります。

ですから、銀行評価をきちんと見て、しっかり把握する必要があります。

## 5、家賃を下げると物件価格も下がる

高く売れる物件とは、自分自身が「高くても買いたい！」と望むような物件です。具体的には満室、キレイ、リフォーム済み、管理状態が良好な物件です。

買い手は「安くて良い物件」を求めますが、基本的に、安い物件には安い理由があるものです。

例えば、ボロボロで高額な修繕費がかかる、空室だらけで家賃収入が生まれない、家賃滞納やクレームがある、近所に変な人が住んでいるなどです。

こうしたネガティブ要素がなければ、安くする必要はありません。

とはいえ、相場を超えた金額での売却は難しいです。相場を知った上で、そのギリギリの上限を狙っていくのが現実的でしょう。

この場合、自分が売りたくないと思うような良い時期に、あえて売ることが高

く売れる秘訣ともいえます。

逆に、空室の期間が長くなってきたり、リフォーム代にお金がかかるようになってきたり、建物が傷んできたりするタイミングでは、「手放したい」と思うかもしれませんが、買い手にとっても「欲しくない」または、「安いなら買ってもいい」となり価格は下がってしまうわけです。

とくに今後、大規模修繕がかかるのであれば、その分だけ値引きを求められる可能性があります。

また、価格に反映しなくても「大規模修繕が必要である」ということは業者に伝えたほうがよいでしょう。

逆に「大規模修繕をしている」「内装リフォームをしている」「新しい設備を付けた」といったプラスになる修繕履歴も必ず伝えてください。

高値売却とまではいかなくても、売却に有利となる可能性が高いです。

空室はないほうが有利に働くので、空室を埋めるのも事前準備のひとつだと認識しておいてください。理想をいえば、家賃も上げておきたいところです。

空室があり、例えば家賃を1000円下げてくれたら入りたい方がいると打診されても、応じないのがコツです。たかが1000円ではありますが、値下げ交渉に応じると利回りがかなり下がります。家賃の1000円は、利回りに換算すると10万円と同等です。

繰り返しになりますが、高く売るための重要な条件は、「満室であること」と「家賃が高いこと」です。

実際、私たちが売却の依頼を受けたときにもっとも重視するのは、場所と家賃収入です。そして利回りを計算します。

シンプルに「家賃が高ければ高いほど、利回りが上がり、売買価格が上がる」のです。したがって、買った瞬間からずっと家賃を上げる努力をすべきです。たとえ売却を考えていなくても、「どうやったら家賃が上がるのだろう?」と考えてみてください。

例えば、空室期間が長いときに「家賃を1000円下げたら今すぐ入ります」と管理会社から勧められたとしても、このとき安易に1000円下げるのではなく、「初期費用を安くする」「2カ月のフリーレントを付ける」といった方法で、家賃を現状維持できるように工夫しましょう。

所有期間は空室を埋めて回すことを考えがちですが、どこかのタイミングで売るかもしれません。

そのときのことを考えるなら、家賃を1000円下げるより、初期費用の一部を大家さんが負担したり、フリーレントを付けてあげたりするほうが高利回りを維持できます。

くれぐれも「家賃が下がると利回りも下がる」ことを忘れないでください。「満室であること」はもちろん重要ですが、「家賃を下げてでも満室にする」のは反対です。

売却価格を上げるためには、家賃は上げるか、少なくとも現状維持にすべきです。満室物件のほうが人気はあるため、埋めるに越したことはありませんが、空室を埋めるため大幅に家賃を下げるくらいなら、まだ空室のままがよいかもしれません。

空室がある状態で売却したいときは、家賃保証を付けることをオススメします。なぜ家賃保証をするのか。それは、満室のほうが売りやすいからです。空室率は少ないほうが金融機関からの評価も高くなりますし、買主さんが安心します。保証するにあたり、実際に家賃を肩代わりする必要はなく、その分を値引きするわけです。取引上は、例えば半年間の家賃保証をするならば、売買金額からその分を差し引いて決済するだけです。

例えば、3000万円で売りたいけれども、家賃保証で1部屋5万円・2室で、6カ月の保証なら60万円です。

この金額を3000万円に上乗せして、3060万円で「家賃保証します」と売りに出せばいいのです。

そうすると、「３０００万円で買いたい！」と言われることが多いので、そのため「３０００万円にするのなら家賃保証はしません」という話です。あくまでも意味は同じで、売りやすさの問題です。

ただ、３０００万円だと利回りは10％台ですが、３０６０万円では９％台になる場合、10％台を維持したほうが売れやすいでしょう。このように一つの要素だけでなく、トータルで判断する必要があります。

## 6、誰に売るかを想定する

自分が売ろうとしている物件が、投資家さん向けの物件なのか、マイホーム向けの物件なのか、あるいは外国人向けの物件なのかを見極めるのは重要です。

収益物件であれば、投資家さんに向いています。戸建てであれば、マイホーム物件の可能性があり、都心部の区分マンションでは外国人向けの場合もままあります。

かなり広い物件は、場所によっては戸建てでも民泊でも需要があるかもしれないですし、グループホームでの利用希望者もいるかもしれません。

具体的にどんな人が、どんな用途目的で買うのかは、あらかじめ想定したほうが賢明です。

また、ご自身が買うときに考えたことは、やはり次の買主さんも同じように考えるものです。自分で買うときには、家賃の滞納や近隣問題など、売買契約書では分かりにくい部分も気になるものでしょう。

そういった内情を知った際に、買主さんのほうで「買いたいものとは違った・・・」と感じるものです。ですから売る場合はまず、自分自身が買うときにどのような気持ちを抱いたかを思い出すようにしましょう。最低1回は振り返る必要があります。

私の経営する不動産会社をはじめ、東京や埼玉にありながら、別のエリアを扱っている不動産会社がよくあります。

首都圏の不動産会社で全国の物件を扱っているケースがあるように、買い手である投資家さんもさまざまです。

当社の顧客もその多くは首都圏ですが、中には地方の投資家さん・地主さんが関東圏の物件を購入するケースもあります。

もっとも多いのは、東京・千葉・埼玉・神奈川に住みながら全国で投資をする人です。北関東くらいまでにとどめるケースもあれば、北海道や関西、中には九州で買う人もいます。

なぜ、そこまでエリアを広げて物件を購入するのでしょうか。買う側の目線を検証してみましょう。

東京の投資家さんの場合、東京で買おうと思っても高額になるため、なかなか買えません。そのため、前に転勤で住んでいたり、地縁がある、自分や奥さんの実家があるようなエリアを狙ったりします。

また、東京都内だけでなく、千葉・埼玉・神奈川も外れまで行けば物件価格は安くなりますが、埼玉県なら大宮や浦和、千葉県なら市川や船橋といった良い場所は高いです。これは神奈川県の横浜や川崎も同様でしょう。

ですから、買いやすい価格帯を狙おうとすると、エリアを徐々に広げていくしかありません。

それ以外にも、価格が高くて競争の激しい首都圏を外して自分の地縁がある地方だったり、過去に住んでいた場所だったりと、自分が住んでいるエリアではなく、自分の知っているエリアを投資対象にしているケースもあります。

ただし、広いエリアに対して融資を出す金融機関はそこまで多くありません。やはり住んでいるエリアに近いエリアで物件を探すのが現実的ですが、それが絶対とも言い切れないのです。

いずれにせよ、住んでいるエリアと物件のエリアに関していえば「こうでなければいけない」というルールはありません。

東京に住みながら東京の物件しか買わない人もいますし、逆に東京の物件は一切持っていない人も多くいます。人によっては、茨城・群馬・栃木など、車で駆けつけられる範囲で地方の物件を買っている人もいます。

福岡や札幌も飛行機に乗れば2時間程度で行けるので、実質的な移動時間を考えると、良い管理会社がいればどこでも投資エリアになるのではないでしょうか。

## 7、その他の物件の売却

一般的な住居系不動産以外の売却については、特に今、民泊の需要は高いと思います。ただ、当社では民泊物件はあまり扱っていません。

民泊は、民泊だからこそ利回りが良いのだと思いますし、所有者が変わってもそのまま上手い状況が続くとも限りません。それというのも、住宅系不動産における不動産賃貸業に比べて事業色が強いからです。

また、民泊などの事業性が強いものは、戸建てであったとしても、不動産売買よりも厳しい目線で見られます。利回りではなく事業計画で判断されるので、価格帯が低くても融資を受けるのは難しくなります。

## 8、売らずに所有し続けるという選択

本章の最後に、売却をテーマにした書籍ではありますが、物件を売らずに所有し続ける選択肢についてもお話しします。

北関東を中心に、高利回りの築古アパート投資を行っている著名投資家の中島亮さんは、順調に運営できて利益が出ているのなら、売却する必要はないと考えているようです。

中島さんは39棟385世帯、家賃年収1億9000万円という実績があります。

区分マンション投資に特化した、元サラリーマン兼業大家の芦沢晃さんも売ら

ない主義です。

還暦を迎えた現在、区分マンションを60室も所有されており、そのほとんどが現金購入です。


たとえ1つの物件の家賃が10万円に満たなくても、それが100戸以上あれば規模が大きくなります。

借金がほとんどない分、税金は高いかもしれませんが、それでも収支はプラスで回っています。

そう考えると、ローン返済が終わっている物件であれば、支払う税金を含めての収支で考えてもしっかり黒字経営が成り立ちます。

くわえていえば、中島さんも芦沢さんも良い時期に購入しているため、同じような条件の物件を購入しようとしても簡単には見つかりません。


そういう意味で、実は良い時期に買った人ほど次の物件が買えないこともあり、売却をせずに所有し続けるという選択肢を選ばれる方が多い傾向になります。

また、売却した後のお金の使い道がないような方も売却には向きません。「売ったお金で何かをしたい」「新しい物件に入れかえたい」などの希望がないなら、現状維持のままキャッシュフローを稼ぎ続けるのも、また立派な戦略です。

規模拡大だけが不動産投資ではありません。所有物件を安定的に稼働させて、しっかりとキャッシュフローを得続けることも投資としての成功といえます。

# コラム❸ 管理会社との関係性も大事！

第3章の事例でもご紹介していますが、「管理会社とうまくいっていない」という売却理由の方も多いです。

例えば、レスポンスが遅い。トラブルを解決できない。リフォームの請求書が送られてきたのに、実際には工事がされていない・・・などがあげられます。

誰もが名を知るような大手チェーンでは、数字目標があって入居付けの件数はもちろん、管理軒数を増やすことに熱心でも、実際に管理を任せてみるといい加減だったという話も聞きます。

大手管理会社では入居募集、リフォーム、入金管理が縦割りになっており、部署が違うため情報共有されておらず、社内で確認すべきことをオーナーにわざわざ電話をして確認するケースもあり、オーナーの不満がどんどん溜まっていく悪循環です。

地元密着の管理会社なら賃貸ニーズにくわしく、現地に駆けつけやすいメリットもありますが、旧態依然のままでネットでの募集が不得手という管理会社も見受けられます。

中には、管理委託料だけでなく、リフォーム費用に多額のマージンを乗せていたり、客付けする際の広告料を客付けした賃貸仲介だけでなく、管理会社の取り分まで欲しがったりするケースもあり、同じように見える管理会社でも、その業務内容やコストはだいぶ違います。

最近の管理会社であれば、広告料をすべて賃貸仲介の不動産会社に渡したり、リフォーム業者の手配は投資家さんの意思を尊重するケースもあります。

その他に、売買仲介の不動産会社の管理を請け負うこともあります。不動産会社による「売り逃げ」が問題視されたケースもありましたが、むしろ売った物件を後々まで管理するということです。

その場合、遠隔物件を扱っていることが多く、「入居付けはできるか」「建物管理はできるか」と心配される人もいるかもしれませんが、自社で入居募集をしない代わりに、賃貸仲介の会社へ還元します。なぜなら、売買仲介がメインなので「管理はあくまでサービス」という位置づけだからです。

売買仲介会社からすれば、オーナーと良好な関係を築くことで新たな購入や売却の依頼も来ますし、物件の管理をよく理解しているため、売却の際はスムーズな取引をできるのが最大のメリットです。くわえて、バラバラなエリアで物件を購入した場合でも管理を一括化できるのも魅力です。

当社にも管理部門はありますが、管理会社の立場として気を付けているのは「責任を取る」ということです。管理業務は管理部が行うのですが、「自分が売った物件の大家さんが困っていたら、ちゃんと助けてあげなさい」と営業には伝えています。

このように、関わった会社が面倒を見てくれることは、安心につながるのではないかと考えています。

第5章

# 物件種別で変わる売却方法

## 1、物件種別で異なる特徴を把握しよう

売却の手順は基本的に同じですが、物件種別ごとに異なる特徴もあります。ここでは押さえておきたいポイントを紹介します。

基本的な物件種別は、「戸建て」「区分マンション」「住居系一棟物件」「商業系一棟物件」の４つです。

ほかにも駐車場や倉庫といった空間を貸す物件、民泊やシェアハウスといった居住用ではあるけれど、不動産賃貸事業には当てはまらない物件がありますが、ここでは基本的な種別に絞って解説いたします。

### ○戸建ての売却

価格が比較的安く、属性を問わずにチャレンジできる戸建て投資は、売却しや

すい物件と言われています。

戸建ての売却を検討するなら、「収益物件として売却」「マイホーム向けとして売却」のどちらがより高く売れるのか検討することから始めましょう。

入居者がいる状態でのオーナーチェンジも可能ですが、空室の状態でマイホーム向けにも売却ができます。

オーナーチェンジの際に基準となるのは利回りで、高利回りであれば売りやすいです。これはどの物件種別であっても共通することです。

低価格帯の面でも現金で買える投資家さんが増えるため、より売却しやすくなります。

これがマイホーム向けに売る場合は、利回りの基準はなくなり、「買い手にとって住みやすいか否か」が重視されます。家族構成にあった間取りなのか、お子さんがいる場合は小学校・中学校の学区など周辺環境が影響します。

くわえて、建物がしっかり管理されており、修繕履歴などをしっかり見せることができれば、より買いたい人が増えます。

なにより安く購入することが重要です。基本的には戸建て以外であっても同様なのですが、戸建ての場合はより安い価格帯で購入できるため、初心者でもチャレンジしやすいです。

築古の手が入っていないボロボロ物件を購入したら、ＤＩＹやリフォーム業者に安く発注して、上手に再生する・・・ということを得意としている投資家さんもいます。

ただし、それがうまくいかず失敗している初心者も多いです。ＤＩＹをご自身でやるなら２戸目、３戸目と経験を積んでからチャレンジしたほうがいいと思います。

なお、戸建ての場合、貸家としてだけではなく、マイホーム向け物件としての売却も含みますし、民泊やグループホームで活用する選択肢をとると事業という考え方になります。

宿泊系の物件の大きな特徴としては、利回りではなく売上が価格の基準になります。レントロールではなくて売上の履歴や宿泊業の許認可のとれる物件であることをアピールするほうが、より高く売れるでしょう。

事業であれば、上限のある家賃とは違って収益が青天井になりますし、逆にコロナ禍のような事態になると来客が激減しゼロとなる場合もあるわけです。

今のように、インバウンドが戻って民泊がブームになってきている状況では、高くてもいいから買いたい人も出てきます。

## 2、区分マンションの売却

区分マンションはマンションの1室を売却します。区分マンションにはシングル向け物件とファミリー向け物件があります。

シングル向け物件であれば、利回りを基準にしたオーナーチェンジが多いですが、ファミリータイプであれば、マイホーム向けとして売却がオススメです。

マイホームとしての売却であれば、利回りではなくて、戸建てと同様に「その部屋に住みたい人がいるかどうか」となるため、人気のある町の管理の良いマンションであれば、かなりの高値で売れるチャンスもあります。

また、シングル向けのワンルームマンションについてはネガティブ情報も多いですが、むしろ売りやすさは戸建て以上です。

というのも中古区分マンションのマーケットがあり、過去にどのような値段で取引されているかわかるため、相場で売却するのであれば、どんな市況であっても売却は可能です。

逆にいえば、高く買ってしまうと値段を下げなければ売れず、相場よりも安く購入できていれば、相場並みで売れるため利益を得ることができます。

最後に、初心者向けの話ではありませんが、区分マンションを一棟売りする手法もあります。小規模な10戸程度の区分マンションなら、所有者・管理組合と話をまとめて、一棟物件としての売却ができるようになれば、かなりの高値で売れます。

簡単にできる手法ではありませんが、長期で保有するのなら、話をまとめるチャンスはあります。修繕積立金が貯まっている場合、なおさら所有者全員が利益を得ることができます。

ただし、買主さんが不動産業者だと買い叩かれてしまうので注意が必要です。場所が良くて地上げしてもらえるくらいの土地であれば、高く購入してくれる相手と交渉するのも一手です。

## 3、住居系一棟物件の売却

住居系一棟物件の売却基準は収益性です。その時々で相場の「利回り」があり、低い利回りで売れるタイミングほど高く売れます。

ただし、利回りの基準はその市況や融資によるところが大きいです。

過去を振り返れば、融資に対して多くの銀行が積極的であった２０１８年までの数年間は、サラリーマン投資家さんも非常に買いやすい状況でした。

そのため年収８００～１０００万円程度であれば、住居系一棟物件のフルローン融資が受けられました。このように少ない自己資金で大規模投資ができるとあって、不動産投資を行いたい初心者が殺到しました。

その結果、一部の業者が「一部の銀行だけで評価が出る物件」を多数売るケースが発生して、後悔するような投資につながっています。

現在、高値で物件を買ってしまった投資家さんは、売るに売れず困っているケースも散見されます。

なぜなら、一部の銀行でしか評価が出ないということは、他の金融機関から融資を受けられない可能性が高いからです。

現在の市況でいえば、融資はかつてほど積極的ではありません。とはいえ取り組める銀行は複数あるので、その銀行の評価に合わせた利回りが今の相場になります。

また、築古物件を売却する場合、優位となるのは「土地値の高い物件」です。

耐用年数に対して厳しく見る傾向がある一方、土地値物件であれば建物の築年数はあまり関係なく評価する金融機関もあります。その場合、築古になっても値下がり幅は少ないです。

建物の状態については、築年数が新しく設備も新しいほうが有利ではあります。

しかし、築古物件であっても大規模修繕を行い、室内もきちんと原状回復して、しっかり管理をしていれば問題ありません。

いずれの場合も、重視されるのは入居率です。第3章で解説した通り、なるべく高い家賃で満室であるほど高値売却の可能性が高くなります。

## 4、商業系一棟物件の売却

商業系物件とは、オフィスやテナントビルなど住居以外の目的で建てられた収益不動産です。

当社はどちらかというと住宅の一棟ものが多いのですが、オフィス系は増えているように感じています。ただ、これはあくまで当社の感想です。こうした物件の売却は住居系よりも価格が高く、なおかつ融資が付きにくいため、買いたい人の絶対数は少ないのが特徴となります。

一般的に、1億円を超えると購入者が減少するのですが、首都圏の商業系物件は数億円の物件も珍しくありません。首都圏で5000万円以下であれば流動性はあるでしょう。

なお、相場は土地と建物の価格、近隣との比較、つまり積算価格と実勢価格など複合要素で決まります。商業系の物件の中には、相場価格よりも高過ぎて売れないものがあります。そうした物件は金額を下げれば売れる可能性が高いです。

ただ、ビルに関していえば、中小企業が「自社で使いたい」というケースもあります。

区分マンションや戸建てが空室だと、マイホームとして売れるのと同じように、ビルなどの商業系も自己使用の需要が高いです。そのため空室のほうが高値で売れる可能性もあります。

いずれにしても売買の相談をするときは、ビル系を中心に扱っている大手不動産会社に相談するのがいいと思います。

## 5、エリアの影響は？

物件種別の特徴にくわえて、エリアについても解説します。

銀行融資の観点でいえば、首都圏では国道16号の内側のエリアにある物件に対して積極的な銀行の融資が通りやすい傾向にあります。

つまり、国道16号の内側にあるかどうかによって、売りやすさに差が出るのです。買い手の投資家さんもそれがわかっているので、国道16号の内側で探す方は多いです。

とはいえ、前章にも書いた通り、投資エリアとされている場所、つまり買える人がいる地域は国道16号の外側にもあります。

例えば、群馬や栃木といった北関東、今だと静岡などに広がっています。関西も同様の事象が起こっていて隣県まで広げて物件を探している人はたくさんいます。それはエリアを広げても使える金融機関があるためです。

ただし、前述したように銀行融資がつきやすいほど、高値で売却できる可能性があがるのは事実です。つまり、首都圏でいえば、対象とする銀行の数が多い国道16線の内側のほうが、外側よりは高い値段がつきやすいです。

これと物件種別を組み合わせて考えると、融資を使わなくても買えるような低価格帯の戸建てはエリアを問わずに売りやすく（賃貸ニーズがある地域であることは前提）、融資を使わなくてはいけない一棟物件ほど、融資のつきやすいエリアのほうが優位で、融資が難しい地方になるほど、高値で売るのが難しくなります。

しかし、それはあくまで首都圏のサラリーマン投資家さんの話です。繰り返しになりますが、収益不動産を買いたいニーズは首都圏の投資家さんだけではありません。

各地域の投資家さんや経営者、地主さんなどは地元の金融機関が使えますので、売り方さえ間違えなければ売却することはできます。むしろ、地方ほど地元の方に向けて積極的に融資を出している可能性があり、思わぬ高値売却ができる可能性もあります。

# コラム④ 物件バリューアップの考え方

前述した通り、物件を優位に売るためには満室にするほうがよく、満室にするためには最低限の修繕だけでなくバリューアップが必須というケースも多いです。

なお、バリューアップはただ物件を元の状態に戻すだけの原状回復工事ではなく、付加価値をつけるような工事を指します。

そこまで高額な工事ではなく、共有部分の古びた照明をデザイン性のあるLEDの照明に変えたり、室内照明も古いリーシングライトから調光のできるリモコン付きのリーシングライドに変えるなど安価でできるバリューアップもあります。

私が知るケースでは、これまで空室に悩んで売却をしたいと考えていた人が、物件のバリューアップをした結果、満室になって「売らなくても良い」と判断されたことが過去に何度かありました。

ですから、空室に悩んで売りたいというケースでは、物件のバリューアップをするのも一手です。満室になれば安定的なキャッシュフローを得られるので、売らなくてもいいと考えるのは当然のことです。

逆に、そうしたコストが捻出できない場合、修繕が必要な物件となり、その分だけ安く売らなくてはいけないケースもあります。そうしたボロボロで空室の物件を安く入手して、買主がバリューアップして家賃を上げるのは中上級者向けのノウハウです。

もう一つのバリューアップの考え方としては、物件売却で手にした利益を使って、所有物件のバリューアップをすること。

買える物件がなかなか見つからないという場合、物件の入れ替えではなく、物件のバリューアップに再投資するという考え方です。

複数の物件を所有している大家さん向けにはなりますが、高稼働や家賃アップにつながり、次の売却へ優位に働きます。

その場合、リフォーム代は経費になりますし、所有物件への再投資をした結果、高稼働で高家賃が実現する可能性が高まります。

では具体的にどんなことをするのかといえば、これまでの修繕履歴にもよりますが、

## 著者物件でのバリューアップした外観と内装例

ビフォー

アフター

古い木枠を撤去し広々とした空間に。
ダウンライトも設置。

ビフォー

アフター

ダクトレール（ライティングレール）を設置。
クロスを大幅に張替え。

外壁塗装や屋上防水といった大規模修繕です。それに共有階段の鉄部塗装や、エントランス部分を改修してイメージアップをはかります。

外構部分を壊して、新しく駐車場を増やすのもいいでしょう。

また室内であれば、古くなったエアコンや換気扇などを新しくするといった住宅設備の交換です。もしくは和室を洋室に、2DKを1LDKに変更するような大掛かりな間取り変更工事も考えられます。

リフォームは簡易なものから大がかりなものまで、たくさんのやり方があります。いたずらに金額をかければいいものではありません。バリューアップする際は、費用対効果をしっかりと考えてから取り組みましょう。

第6章

# 知らないと損をする税金の話

監修／浅田税務会計事務所 税理士
尾﨑鉄朗 氏

## 1、5年内に売ったら大損する!?～譲渡所得税を理解しよう～

第3章でも触れていますが、個人で所有している物件を売却して利益を得ると、譲渡所得税がかかります。

その譲渡税は所有期間によって変わり、5年以内（短期譲渡）で売ると、譲渡税の支払い負担が40％近い税率となります。これが5年超え（長期譲渡）では20％となり倍も違います。

とくに気をつけたいのは、判定日が売却した年の1月1日となる点です。起算日で丸5年となるため、1月1日を6回過ぎているかがポイントです。購入

| | 所得税 | 住民税 | 計 |
|---|---|---|---|
| 短期譲渡所得<br>売却した年の1月1日現在で「所有期間5年以下」の場合 | 30.63% | 9% | 39.63% |
| 長期譲渡所得<br>売却した年の1月1日現在で「所有期間5年超」の場合 | 15.315% | 5% | 20.315% |

**短期譲渡と長期譲渡の比較**

タイミングが12月31日と1月1日では1年変わってきますので注意するようにしましょう。

## 2、減価償却を意識するのも大事

売却の検討タイミングにかかわる要素としては、減価償却があげられます。

減価償却とは、経年劣化（時間や使用による劣化）によって価値が減っていく資産を、必要経費として計上することを言います。

不動産投資の場合では、土地は対象にならず、建物のみが減価償却の対象となります。その際に目安となるのは前述した法定耐用年数です。

法定耐用年数22年の木造アパートを築12年で購入したら、中古資産の耐用年数は12年となり、建物の価格を12年かけて減価償却していくイメージです。

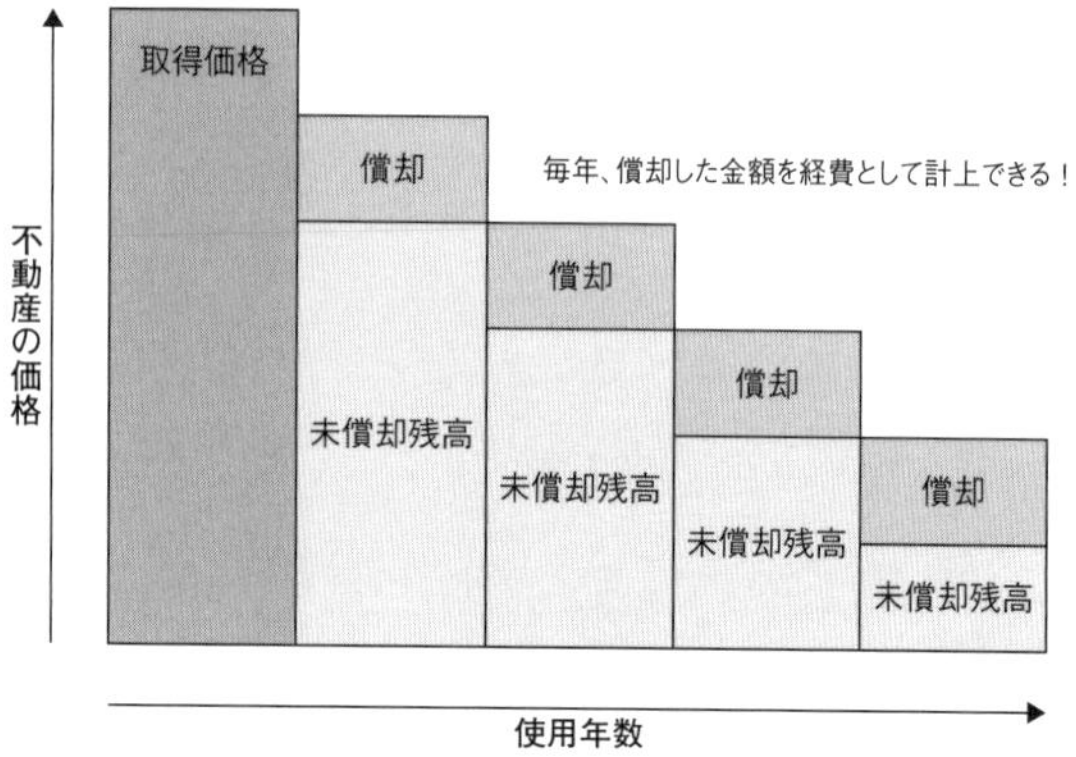


減価償却の推移

すると12年後には償却が終わり、経費計上できる費用がなくなります。

そうなると、家賃収入がまるまる利益になってしまい、多額の税金がかかってしまいます（管理費用や修繕費は経費計上できます）。

この減価償却が終わったタイミングで築24年経った木造物件を売って、減価償却ができる新しい物件の購入を検討するケースが多いです。

なお、減価償却には計算方法があり、耐用年数を超えた古い物件でも購入時から4年間は償却できます。

減価償却に対する私の考え方は、減価償却の切れたタイミングで高く売れる市況であれば、より新しい物件・資産価値の高い物件に入れ替えることを検討します。

ただし、その物件が安定的に収益をもたらしてくれるのであれば、あえて売らずに新たに減価償却のできる物件を購入する選択もあります。

## 3、大幅節税も可能　～マイホーム売却の特例～

マイホーム用の物件の売却では、さまざまな特例を利用し、譲渡所得を減らすことができます。代表的なものは「居住用財産の3000万円控除」です。

不動産を売却した際に、売却価格から取得費（買った金額から建物の減価償却を引いたもの）と譲渡経費（仲介手数料など）を差し引いた譲渡利益には、前述した短期譲渡所得税・長期所得譲渡税がかかります。

これが売却対象となる不動産がマイホームである場合、所有期間の長短に関係なく、この譲渡利益から最大３０００万円を引き算できます。つまり、譲渡利益が３０００万円以内ならば税金がかからないという特例なのです。

注意点は、住宅ローン控除（住宅借入金等特別控除）が一定期間使えなくなることです。これは10年以上の住宅ローンを使って、マイホームの購入やリフォームを行った際、本来、支払うべき所得税が控除される制度です。

その他、マイホームに関係する特例は類がありますし、適用条件もそれぞれなので、詳しくは税理士さんなど専門家にご確認ください。

## 4、法人所有の物件の売却

長期譲渡、短期譲渡というのは個人での売却時に適用される考え方です。法人の場合はこういった概念がありません。

売却価格から、土地・建物の簿価に売却のための諸費用を差し引いたものが利益となります。

法人の場合は、宅建業だと売買の利益は経常利益に含まれますが、資産管理法人だと特別利益になります。

不動産売却による利益は特別な利益として勘定されますので、銀行の評価がそこまで良くありません。本業である不動産賃貸業が芳しくない場合は、むしろ何をしているのかと咎められることもあるでしょう。

不動産賃貸業は、インカムゲインの商売です。

インカムゲインを目的とした業種の企業が、売却益を毎年あげるのはおかしな話です。法人で頻繁に不動産の売却益を得ている場合は、「宅建業者としたほうが良い」と銀行からもアドバイスされるものです。

物件をたくさん持ち、頻繁に売却をしているような場合は宅建の免許を取り、宅建業をするほうがいいでしょう。

| | |
|---|---|
| 仲介手数料 | （売却額 × 3% + 6万円） + 消費税 |
| 印紙税 | 200円～ 48万円<br>※売却金額により異なる |
| 抵当権抹消費用 | 司法書士へ依頼した場合、<br>5000万円～2万円程 |
| ローンを一括返済するための費用 | 金融機関による |

売却時の諸費用

とはいえ、安易に宅建業を始めることはオススメできません。宅建業者になるのであれば、然るべき覚悟を持ちましょう。

きちんとした仕事をしないと、買主さんに迷惑がかかることもあります。

買主さんの立場になり、買った後も面倒を見るくらい丁寧な仕事をしていただけたらと思います。

従来、売主の業者になると、瑕疵担保は2年でしたが、2020年の民法改正により、従来の「瑕疵担保責任」が「契約不適合責任」に変更されました。

改正前と同様、契約不適合責任の期間は「買主が契約不適合を知ったときから売主に通知すべき期間を引渡しの日から2年」となります。

契約不適合責任とは、「あらかじめ目的物に対して取り決めた種類や品質、数量に関して、契約内容に適合しない引き渡しを行った場合につき、売主側で負担する責任」を指します。

簡単にいうと、契約不適合責任が問われるのは「契約内容と異なるものを売却したとき」です。「契約に適合しているか否か」で責任が発生します。

こうした責任を負うのはそれなりに大変だと思います。

買主さんに寄り添っていると、購入後の対応の悪さに驚かされることは多々あります。いざ何かあった際、例えば修繕の依頼をしたときの対応で、その会社の誠意が分かります。

## 5、相続税の落とし穴

収益不動産を相続した人が売却することはよくあります。その理由としては「相続税を支払うため」があげられます。

あらかじめ相続の準備をしていなければ、不動産があっても現金がなくて、「相続税の支払いができない」こともよくあります。

なぜなら、相続税は「被相続人が亡くなって10カ月以内」に現金納税しなければならないからです。

慌てて売却することになると、大抵の場合、買取専門の不動産会社業者が買うことになります。担当税理士の知り合いの不動産会社が出てくるケースが多く、時間がないといった理由で、妥当性が分からないまま金額を決めていくため、結局は安く叩かれることになります。これが一般的な流れです。

不動産会社によっては、税理士に対して「良い物件を紹介してくださいよ」とお願いし、紹介した税理士は紹介料をもらう仕組みができあがっている場合もあります。


そのほかにも不動産を平等に分けるために現金化するケースもあります。

不動産の相続税評価額とは、相続税や贈与税を計算するときの基準となる課税価格のことです。


国によって決められたものですが、物件によって異なります。たとえそれが隣同士の物件でも、です。同じ町内であっても道一本を挟めばまったく変わります。

例えば、同じような規模のアパート2棟を同じ市内で持っていて、1棟ずつ長男と次男で分けようと思っても、評価が変わるので平等ではありません。

遺言書がない場合、相続遺産をどう分けるかの話し合いを「遺産分割協議」といい、最終的に相続人はすべて「遺産分割協議書」に捺印する必要があります。

話がこじれて協議が円満にいかず、分割協議書ができないと、物件は誰の所有かも定まらず、売るに売れない状況になります。

このようにして塩漬けになってしまっている物件は、収益不動産に限らずたくさんあり、それが日本の空き家問題の要因の一つになっています。


私が相談を受けている中でも、同じような話があります。相続の対象とされる方が亡くなっていたり、大病を患っていたりということも生じています。子どもたちが上手く引き継いでくれたら良いのですが、なかなかうまくいかない場合もあり悩ましさを感じています。

私自身、家族会議に入った経験もたくさんありますが、話がまとまらないときは現金化して分けるのがシンプルです。

損得でいえば現金より不動産のほうが相続評価が下がり、不動産も更地よりは建物のあるほうがより有利になります。さらに、その建物を貸しているとより評価は下がります。

ですから収益不動産はそのまま収益不動産で引き継ぐのが一番ですが、分けるのが難しいです。

だからといって複数の相続人で共有してしまうと、その次の相続でまた揉め事の火種をつくることになるため、結局は売るのが一番と考える方が多いです。

不動産を遺したせいで、兄弟だけであれば円満にまとまる話も、地縁のない親族までまきこんで収拾がつかなくなる場合もあります。

特に中途半端に知識のある外野があれこれ言うのは良くありません。私のところにも、こういった相談はたくさん来ます。まわりからいろいろ言われて、心配が募るようです。

そうであれば、自分の代ですっぱり売って手仕舞いするのも、一つの選択肢になります。

アパートやマンションを相続すれば不動産賃貸業を始めることになり、サラリーマン投資家さんの観点でいえば、物件がもらえるので羨ましい話かもしれませんが、関心がない場合は、ただ重荷に感じるケースも少なくありません。

とくに管理状態の悪い物件であれば、初心者がいきなり円滑に運営をするのは難しいです。本来、不動産賃貸業は外注できることも多く、高齢の方でも難なくできるものですが、相続の場合は経営できないといったことが発生するのは、興味を持っているかどうかの差が大きいです。

株やFXも同じでしょう。相続する人が興味のない場合、売却にいたるケースがほとんどです。

他にも、お金というよりも単純に「こんな古いアパートを相続しても、どう運営していいのか分からないから困る」といった理由から売却を考える人もいます。

当社では、相続だとこのケースが多くなります。

相続を理由に売却を考えている人は、もともとは「高く売却をしよう」という発想がありません。「相続税が支払えれば良い」「早く売れれば良い」という考えです。

ですから、相続物件の場合は安く買えるチャンスがあるように見えますが、そうした相続案件は短期間で売らなければならないので、収益不動産のマーケットではなくて前述した業者買取になるケースも多く、そうなるとサラリーマン投資家さんの元へ、安価な相続物件を入ってくる可能性は非常に低くなります。

やむなく安く売ってしまった相続物件を見ていて感じることは事前準備の大切さです。

結局のところ、不動産投資家さんとしてどれだけ頑張っても、次の世代に伝わらなければ意味がありません。

所有者が亡くなった際、私に連絡がある場合もありますが、所有者本人さん以外とパイプがある場合は少ないですし、いきなりやってきた不動産会社にすべておまかせするのも難しいでしょう。

また、納税の有無、納税資金を準備しているか否かで、どれだけのスピードで売却をする必要があるか変わります。いずれにしても、きちんと遺産分割できる状態にないと宅建業者としては対策のしようがありません。

繰り返しになりますが、相続で失敗しないためには事前準備が必要です。できれば、自分が今、亡くなったらどうなるかというのは、予め試算しておくのが良いです。

具体的には、売却する物件と相続する物件に分けて、管理を引き継げるように準備する。納税資金が足りないのであれば、そのための売却をあらかじめしておきます。そして、それを家族にきちんと伝えるべきです。

こうした対策をしているか、していないかで大きく変わります。

親から子に資産を打ち明けるのは難しいものもあると思います。人は、死ぬことを前提にした会話を自らするのは回避したいものです。

ただ、誰もがいつか、確実に死ぬわけです。突然、逝く場合もあるわけです。「準備がない状態で突然、逝かれたら、残された人は困ってしまう」ということを忘れないでいただきたいです。

突然の死は他人ごとではありません。

若くても交通事故で亡くなるかもしれないし、心臓発作で急に倒れるかもしれません。今、自分が亡くなった場合の相続については、しっかり考えるようにしましょう。

納税資金として現金がある場合はまだしも、「不動産をたくさん所持しているけれど、現金を持っていない人」は要注意です。

# コラム❺ 売却後、あえて再投資をしないという考え方

不動産投資では、手仕舞いの判断をするのが賢明な場合もあります。

手仕舞いとは投資用語で、「すべてを売却して、投資を終わりにすること」です。所有物件を現金化して自分のために使うというのも一つの考え方ではないでしょうか。

相続理由だけでなく、売却したあと再投資をせずに手仕舞いするケースもあります。

どんな投資にも向き、不向きがあると思います。不動産投資も然りで、不動産投資を始めてみたものの、入居が安定しなかったり、騒音トラブルが起きたり、高額な修繕費など、想像以上に手間とお金がかかったなどの理由で、「もう不動産投資をおしまいにしたい」と決断する人もいます。

稀ではありますが、無茶な要求をするクレーマー、ゴミ屋敷、孤独死といった問題が起きることもあります。

また、前述したようにボロ物件を買ってＤＩＹをして上手に再生している人がいる反面、素人では手に負えず、修繕できないまま放置している例もあります。

想定以上に修繕費がかかってしまうと嫌気が差すこともあるでしょう。一方で、そうしたトラブルや問題を全く気にしない人もいます。

そういう意味で、不動産投資は数字の世界ではあるのですが、運や感情が織り交ぜられているとも言えます。

不動産投資をやめる理由は人それぞれですが、実際に向いていない人もいます。それは不安を抱きすぎる人です。

例えば、「空室になったらどうしよう・・・」といつも悩んでいたり、管理会社から電話が来たらその度にドキッとして、物件で何らかの心配事があれば、おちおち夜も眠れなくなってしまうタイプの人です。

空室やトラブルに苦しんでいる人へ具体的なアドバイスをしたところで、ナーバスになりすぎて動けない人もいます。

何年も不動産投資をしていれば、嫌な気持ちになることは決してゼロではないと思います。

たしかに致命的な問題を抱える物件の人は、そうなってしまう気持ちもわからないでもないですが、それでも、落ち込みすぎて日常生活にまで支障が出るようなら、不動産投資から離れたほうがいいでしょう。

# おわりに

最後までお読みいただきまして、誠にありがとうございます。

私にとって8冊目となる本書ですが、コロナ禍を経て業界的に物件売却が増えている中で、最新の市況や事例を皆様にお届けしたく執筆いたしました。

売却を急ぎたい気持ちはわかりますが、せめてこの本の内容だけはわかってから進めてください。メリットが増え、デメリットが減るかと思います。

さて、本書の締めくくりに不動産だけではなく「人生成功への道しるべ」としてお伝えしたいことが3つあります。肩の力を抜いてお読みいただければ幸いです。

## ●楽しもうとしないと楽しめない

いつも楽しんでいる人っていますよね。でも、そこにお金なんていらないと言うわけにはいかず、やはり楽しむにはある程度のお金は必要になると思います。

そのためのお金を稼ぐこと・・・資産形成、資産運用など不動産投資を通じて売買の手伝いをしています。

不動産投資は、お金儲けだけを目指してもうまくいきません。とくに不動産投資に対して、マジメに取り組みすぎて苦痛に感じる人は向きません。

不動産投資も楽しもうと思えばちゃんと楽しめるんです。むしろ楽しめそうにないならやめたほうがいいくらいです。長年多くの売買に関わってきたからこそ、知っていることです。不動産投資はワクワク楽しみながら進めないと長続きはしないのです。

## ●オンリーワンで成功する

不動産投資を成功させるには、空室を埋めなければなりません。どんな物件にどんな需要があるのか？　ちゃんとリサーチしなければなりません。

とはいえ、リサーチって難しいですよね。だから私はオリジナルの目玉商品を作っています。万人に受ける物を作っても、人の心は動かないでしょうから、「誰か一人に気に入ってもらえればいいかな」と思いながら作業します。

ただし、「入居を付ける」ということだけにフォーカスすると、普通に部屋をキレイにするだけで決まる場合もたくさんあります。

実際は、家賃相場を間違わず、普通のリフォームでもいけるんです。ただ私はそれだと私自身が楽しくないので、いろいろと手を入れています。

不動産投資の成功談はたくさんありますが、どうせなら自分に合うやり方を選んで

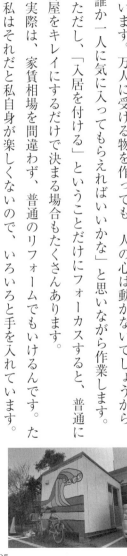

ください。

新築物件で成功する人もいれば、築古で成功している人、都心でやる人、地方でやる人、現金でやる人、融資を利用する人・・・いろいろです。成功や楽しみ方も人それぞれですから、人と比べることなくオンリーワンで進んでいけばよいと思うのです。

## ●「明日死ぬかのように生き、永遠に生きるかのように学べ」

表題はガンジーの名言です。

実は、この本を執筆している最中に、私と同じ年齢（51歳）のプロサーファーが亡くなってしまいました。有名な方なので、一方的にですが存じておりました。

私も含め、誰もが必ず亡くなってしまいます。だからこそ、一日一日を大事にしなければならないんです。

「明日で人生終わり！　とわかっていたら、今日は何をする？」

そんなテーマがあると、色々と考えるのではないでしょうか？

先日もある方から相続の相談がありました。誰もがそうなるので、受け入れて考えなければなりません。急な病気や交通事故で突然おとずれる可能性もあります。

遺された人は、「もっと話を聞きたかった」「もっと優しくしてあげればよかった」と後悔するかもしれません。不動産投資では資産を築くことができますが、いつか自分も亡くなってしまうという現実を見据える必要があります。

最後に本書の執筆にあたっては、いつものように多くの方々にご協力いただきました。この場をお借りして御礼を述べたいと思います。

前作に引き続き、本書の企画から担当してくださった夢パブリッシング編集長の大熊さん、編集ライターの布施さん、第3章の成功事例で紹介させていただいた投資家さん、第6章を監修いただいた税理士の尾﨑先生、ご協力ありがとうございました。もちろん、いつも私についてきてくれるクリスティ・富士企画のスタッフの皆にも毎日感謝しております。ありがとう。

そして、読者の皆様、ご購読していただき本当にありがとうございます。

皆様の不動産投資成功を応援しております！

2023年7月　コロナ明けで賑わう羽田空港にて

新川義忠

| 備考 | 売出時までに必要か |
|---|---|
| | 必須、謄本は後でもいい |
| 農地の場合は農地転用の許可が必要 | 必須、謄本は後でもいい |
| | 必須、謄本は後でもいい |
| | 必須、謄本は後でもいい |
| | 必須、未登記部分がある場合は記載 |
| 区分の場合 | 不明であれば登記面積を記載 |
| | 不明であれば賃貸募集図面等で代用 |
| | 必須 |
| 市街化調整区域の場合は再建築の可否 | 必須、自治体によってはネットでも調べられる |
| 建蔽率、容積率超過ないか確認 | 必須、自治体によってはネットでも調べられる |
| | |
| 公道か私道か、幅員何メートルか、間口は何メートルか | 必須 |
| わかればセットバック面積 | 必須、セットバックの有無は図面に入れる |
| 建築確認時と現況建物に相違ないか | |
| | |
| ある場合 | |
| 契約期間、譲渡承諾料、更新料を確認 | 借地の場合は書面確認も含めて必須 |
| 各戸にメーターがあるか、散水栓等オーナー負担の契約がないか<br>井戸の場合は水質検査はしているか | 必須、上水道か井戸かは記載 |
| プロパンの場合契約書確認<br>紹介料等償却がない金銭は清算対象になる旨説明 | 必須、都市ガスかプロパンかは記載 |
| 受益者負担金の未払いがないか<br>浄化槽の場合、合併か単独か、メンテナンスを行っているか、費用はいくらか | 必須、本下水か浄化槽、汲み取りかは記載 |
| 隣地とのトラブル、建物や上下水管等の越境、被越境、通行承諾など | 必須、覚書系は全て書面確認 |

| | |
|---|---|
| 税額、評価額の確認 | 必須 |
| 区分の場合 | 必須、調査報告書は費用がかかるので契約決まってから |
| 複数ある場合もあるので注意⇒エレベーターがある場合など<br>自由化により東京電力など一般送配電事業者ではない場合もある | |
| | |
| あれば費用負担を確認 | 必須、金額だけでも確認 |
| 費用を確認 | 必須、金額だけでも確認 |
| 設備保証、売電開始の時期、単価、固定買取期間 | 必須、売買条件に関わる為、書面で確認 |
| メンテナンスコストに該当。実施ているかどうか、指摘事項不備がないか | 必須、実施状況、金額だけでも確認 |
| メンテナンスコストに該当。実施しているかどうか、指摘事項不備がないか | 必須、実施状況、金額だけでも確認 |
| メンテナンスコストに該当。実施しているかどうか、指摘事項不備がないか | 必須、実施状況、金額だけでも確認 |
| あれば費用負担を確認 | 必須、費用として記載 |
| セキュリティ契約など費用が掛かるものは確認 | 必須、金額だけでも確認 |

| | |
|---|---|
| | 必須 |
| | 必須、レントロールに記載 |
| オーナーが持っている場合、管理会社が持っている場合があり<br>売買時に承継となる旨説明<br>テナントの保証金の場合は未償却額（退去時返還額）が清算対象 | |
| 原本が全てあるか、更新できているか、自動更新の場合更新料の扱いの確認 | |
| ない場合は特記事項になる | |
| 保証会社に対して滞納がないかも確認 | |
| オーナー負担がある場合があり | |
| 正確にいくらあるか、売買が終わると請求できない旨説明（債権放棄） | 必須、レントロールに記載 |
| あれば記載事項、大島てるに載っているか | 必須 |
| 部屋ごとに何本か、管理会社保有のものも含めて確認 | |
| 実際の賃料はいくらか、解除が可能か<br>特に区分では解除不可であったり過大な費用を要する場合あり | 必須、解除もしくは承継が可能か |
| なければ現況確認して描く | |

| | |
|---|---|
| レインズ、ポータルサイト、メルマガ配信など | 確認必須 |
| 課税業者の場合は建物割合を確認し消費税分を引いた額で仲介手数料計算 | 確認必須 |
| | 確認必須、抹消が問題ないかどうか |
| 譲渡税や決算関係で〇月以降の場合は記載 | 確認必須 |
| | 確認必須、免責希望であれば記載 |
| | 確認必須、非明示希望であれば記載 |

**「付帯設備表」「物件状況確認書」サンプル**
**はP196よりご参照ください。**

## 委任物件を円滑に売るなら下記をチェック！

| | 確認事項 | 確認資料 |
|---|---|---|
| 販売図面関連 | 対象地番 | 購入時重説、謄本 |
| | 地目 | 購入時重説、謄本 |
| | 地積 | 購入時重説、謄本 |
| | 建物種類、用途、構造 | 購入時重説、謄本 |
| | 延床面積 | 購入時重説、謄本 |
| | 専有面積 | 購入時パンフレット等 |
| | 間取図 | 購入時図面、建築関係資料 |
| | 住所 | 購入時重説、賃貸借契約書等 |
| | 都市計画、用途地域 | 購入時重説、市区町村の都市計画図 |
| | 建蔽率、容積率 | 購入時重説、市区町村の都市計画図 |
| | 該当区域 | 購入時重説、市区町村の都市計画図 |
| | 接道 | 購入時重説 |
| | 道路後退 | 購入時重説 |
| | 建築確認概要 | 購入時重説、建築計画概要書 |
| | 検査済 | 購入時重説、台帳記載事項証明書 |
| | 測量図 | 確定(現況)測量図 |
| | 借地契約 | 借地契約書 |
| | 水道 | 購入時重説 |
| | ガス | 購入時重説、ガス契約書 |
| | 下水 | 購入時重説、浄化槽点検書類 |
| | 告知事項 | 特約条項、覚書等 |

| | | |
|---|---|---|
| メンテナンスコスト関連 | 固都税、評価額 | 課税明細書 |
| | 管理費、修繕積立金 | 重要事項調査報告書 |
| | 電気代 | 電気代支払い伝票 |
| | 水道代 | 水道代支払い伝票 |
| | ケーブルテレビ、インターネット契約 | ケーブルテレビ、インターネット契約書 |
| | 駐車場代 | 借上げ駐車場契約書 |
| | 太陽光設備 | 太陽光発電設備契約書 |
| | 受水槽 | 設備点検報告書 |
| | 消防設備 | 消防設備点検報告書 |
| | エレベーター保守契約 | 保守点検報告書 |
| | 自治会費 | 自治会からの請求書など |
| | その他付帯契約 | |

| | | |
|---|---|---|
| レントロール関連 | 入居状況 | レントロール、入金明細等 |
| | 空室の募集賃料 | 募集図面等 |
| | 預かり金の状況 | レントロール、賃貸借契約書 |
| | 契約期間 | 賃貸借契約書 |
| | 初回入居日 | 原契約書 |
| | 保証会社 | 賃貸借契約書 |
| | 家財保険 | |
| | 滞納、遅納 | |
| | 自殺、他殺事件 | |
| | 鍵の本数 | |
| | サブリース契約 | |
| | 駐車場配置図 | |

| | | |
|---|---|---|
| その他 | 広告レベル | |
| | 消費税課税業者かどうか | |
| | 抵当権、根抵当権 | |
| | 引渡しの期限 | |
| | 契約不適合責任 | |
| | 境界明示 | |



巻末付録

－このページよりレイアウトが逆になっています－

| 敷金<br>保証金 | 敷金、保証金の償却がある場合の償却割合 | クリーニング費 | 契約種類 | 更新料 | 原契約始期日 | 契約開始日<br>（更新後） | 契約満了日 | 転借の有無 |
|---|---|---|---|---|---|---|---|---|
| | | | | | | | | |
| | | | | | | | | |
| | | | | | | | | |
| | | | | | | | | |
| | | | | | | | | |
| | | | | | | | | |
| | | | | | | | | |
| | | | | | | | | |
| | | | | | | | | |
| | | | | | | | | |
| | | | | | | | | |
| | | | | | | | | |
| | | | | | | | | |
| | | | | | | | | |
| | | | | | | | | |
| | | | | | | | | |
| 0 | 0 | 0 | | | | | | |

以上、作成日現在、私の把握している内容に相違ありません。

令和　　年　　月　　日

（ご署名）

売主 ＿＿＿＿＿＿＿＿＿＿＿＿＿＿＿＿ ㊞

# 賃貸借契約一覧

建物名：

| 番号 | 契約者 | 月額賃料 | 管理費（共益費） | その他※なければ削除 | 消費税 | 月額合計 | 保証会社 連帯保証人 |
|---|---|---|---|---|---|---|---|
| 101 | | | | | | | |
| 102 | | | | | | | |
| 103 | | | | | | | |
| 201 | | | | | | | |
| 202 | | | | | | | |
| 203 | | | | | | | |
| | | | | | | | |
| | | | | | | | |
| | | | | | | | |
| | | | | | | | |
| | | | | | | | |
| | | | | | | | |
| | | | | | | | |
| | | | | | | | |
| | | | | | | | |
| | | | | | | | |
| 合計 | | 0 | 0 | 0 | 0 | 0 | 0 |

| | | |
|---|---|---|
| 家賃滞納遅納の有無 | □なし<br>□あり | ⇒ある場合 |
| 保証会社の家賃立替払い | □なし<br>□あり | ⇒ある場合 |
| 入居者トラブル、クレーム | □なし<br>□あり | ⇒ある場合 |
| 入居者からの修理依頼 | □なし<br>□あり | ⇒ある場合 |
| その他入居者に関連する告知事項 | □なし<br>□あり | ⇒ある場合 |

| | | |
|---|---|---|
| 周辺環境 | 騒音・振動・臭気等 | □無・□有・□不明：状況 |
| | 売買物件に影響を及ぼすと思われる周辺施設 | □無・□有・□不明：状況 |
| | 近隣の建築計画 | □無・□有・□不明：状況 |
| | 電波障害 | □無・□有・□不明：状況 |
| | 近隣との申し合わせ事項 | □無・□有・□不明：状況 |
| | 浸水等の被害 | □無・□有・□不明：状況 |
| | 売買物件に影響を及ぼすと思われる過去の事件・事故・その他<br>（火災・近隣トラブル・暴力団事務所） | □無・□有・□不明：状況： |
| | 東日本大震災の被害 | □無・□有→罹災証明　□無・□有→ |
| 消防法令 | (A) 住宅用火災警報機 | □設置済・□未設置・□不明・□対象外 |
| | (B) 消火器 | □設置済→(□新規格・□旧規格)・□未設置・□不明・□対象外 |
| | (C) 自動火災報知機 | □設置済・□未設置・□不明・□対象外 |
| | (D) 消防設備点検(報告書の有無) | □実施済・□未実施・報告書 □無・□有・□不明 |
| | (E) 防火管理者選任 | □不要・□必要・□不明 |
| | (F) 消防署からの是正指導等 | □無・□有：内容 |
| その他の費用負担 | 共用電気料 | □無・□有：内容 |
| | 共用水道料 | □無・□有：内容 |
| | 下水道使用料 | □無・□有：内容 |
| | 町会費 | □無・□有：内容<br>支払い　□オーナー・□入居者 |
| | インターネット・ケーブルTV | □無・□有：内容 |
| | リース契約（エアコン・給湯器等） | □無・□有：内容 |
| | その他 | □無・□有：内容 |
| 当該物件からの収入（例：電柱賃借料、私道利用料） | | □無<br>□有：内容<br>□有：内容 |
| 浄化槽の最終清掃日・会社名・連絡先・実施頻度と費用 | | 最終清掃日　　　年　　月　　日<br>会社名<br>連絡先<br>実施頻度　　　年　　回（1回当たりの金額：　　　　　　　　円）<br>排水放流承認の名義変更　要・不要　　　費用（放流・占用）年間　　　　円 |
| プロパンガス | 契約書 | □無・□有（敷地内配管等設備の所有権は、　　　　　　　　　にあります。<br>別添LPｶﾞｽ契約書参照） |
| | 無償貸与設備 | □無・□有 |
| | 契約時権利金受領 | □無・□有 |

※本物件の付帯設備等に関しましては、設置後使用しております。経年変化及び使用に伴う性能低下等がございます。修理又は交換してご使用下さい。現況での引渡しとなりますのでご了承下さい。

※室内に関しては、入居者居住中につき現所有者は立入をしておりません。一部設備等の記載に相違がある可能性がありますのでご了承下さい。

**本物件の付帯設備及び状況が上記のとおりであることを売主は、買主に告知しました。**

年　　月　　日

**＜売主＞**　住所

氏名　　　　　　　　　　　　　　　　　　印

**＜買主＞**　住所

氏名　　　　　　　　　　　　　　　　　　印

# 表2　物件の状況

本物件は通常の経年変化によるほか、下記のとおりの状況。

| | 項　目 | 状　況 |
|---|---|---|
| 建物 | 雨漏り | ・現在まで雨漏りを発見していない<br>□過去に雨漏りがあった<br>箇所：<br>修理工事：未・済　　年　月頃<br>□現在雨漏り箇所がある　箇所・状況： |
| | 白蟻被害 | □現在まで白蟻の被害を発見していない<br>□白蟻予防工事：未・済<br>□過去に白蟻の被害があった<br>箇所：<br>駆除と修理工事：未・済　　年　月頃<br>□現在白蟻の被害がある<br>箇所・状況： |
| | 建物の不具合（傾き・腐食・不具合等） | □発見していない<br>□発見している<br>箇所・状況： |
| | 石綿使用調査結果の記録 | □無<br>□有　調査年月日：　　年　月　日<br>調査の実施期間：　　調査の範囲：<br>石綿の使用の有無及び石綿の使用箇所： |
| | 給排水施設の故障・漏水（水漏れ） | □現在まで発見していない<br>□過去に発見している　箇所<br>修理工事：未・済　　年　月頃<br>□現在発見している　箇所・状況： |
| | その他建物及び設備の不具合 | □発見していない<br>□発見している<br>箇所・状況： |
| | 新築時の建築確認済証・設計図書 | 建築確認済証：□有・□無　完了検査済証：□有・□無　設計図書：□有・□無<br>建設業者・宅建業者・分譲業者：<br>台帳記載事項証明書：□有・□無　法適合状況調査報告書：□有・□無 |
| | 住宅性能評価 | □無・□有（□設計・□建設・□既存　　年　月） |
| | 耐震診断及び地震に対する安全性に関する資料 | 耐震基準適合証明書：□無・□有<br>既存住宅性能評価書：□無・□有<br>耐震診断結果報告書：□無・□有<br>既存住宅売買瑕疵保険の付保証明書：□無・□有<br>その他（資料名：　　） |
| | 増改築・修繕・リフォーム・用途変更の履歴及び資料 | □実施していない・□実施している（　　年　月頃）□不明<br>箇所・内容：　　建設業者：<br>建築確認済証：□有・□無　検査済証：□有・□無　設計図書：□有・□無 |
| | 既存住宅状況調査技術者が実施した建物状況調査報告書（1年以内のものに限らない） | □有（作成日：　年　月）・□無<br>□建物状況調査報告書・□建物状況調査の結果の概要<br>調査実施者： |
| | 建築基準法第12条の規定による定期調査報告書 | 定期調査報告書：□有（作成日：　年　月）・□無<br>定期検査報告書（昇降機等）：□有（作成日：　年　月）・□無 |
| 土地 | 境界確定の状況 | 隣地との境界：□確認できた・□確認できない<br>確認できない箇所：<br>境界に関する書類　□無・□有 |
| | 境界の紛争 | □無・□有：状況 |
| | 越境について | 越境：□無・□有<br>越境物：□塀・□フェンス・□擁壁・□建物・□植栽・□その他<br>取決め書：□無・□有　場所・状況：<br>紛争：□無・□有　紛争の内容： |
| | 塀・フェンス・擁壁について | 側／□塀　□フェンス　□擁壁／帰属：□売主　□隣地所有者　□共有　□不明<br>側／□塀　□フェンス　□擁壁／帰属：□売主　□隣地所有者　□共有　□不明<br>側／□塀　□フェンス　□擁壁／帰属：□売主　□隣地所有者　□共有　□不明<br>側／□塀　□フェンス　□擁壁／帰属：□売主　□隣地所有者　□共有　□不明<br>亀裂等の有無：□発見していない・□発見している　状況： |
| | 土壌汚染に関する情報 | 敷地の住宅以外（店舗・工場等）の用途で使用履歴<br>□無・□有・□不明　年　月頃、用途：<br>土壌汚染に関するその他の情報：□無・□有・□不明<br>内容： |
| | 地盤の沈下、軟弱 | □発見していない・□発見している<br>状況： |
| | 地中埋設物 | □発見していない<br>□発見している：□旧建物基礎・□建物廃材・□浄化槽・□井戸・□その他<br>場所・状況： |
| | 配管の状況 | 第三者敷地の利用　□無・□有（給水管・配水管・ガス管：状況　　）<br>第三者の配管埋設　□無・□有（給水管・配水管・ガス管：状況　　） |

## 表1−2. 付帯設備表

付帯設備表 本物件は、下記の付帯設備が現況のまま引き渡しされます。
付帯機能には、(　)内に該当する項目は○印を記入し、設備の有無にチェックをしてください。

| | 付帯設備 | 付帯機能 | 設備の有無 | 備考（故障・不具合等） |
|---|---|---|---|---|
| トイレ | トイレ設備一式 | 保温 | □有・□無・□不明 | |
| | | 洗浄 | □有・□無・□不明 | |
| 空調関係 | 冷暖房機 | （電気・ガス） | □有・□無・□不明 | 台 |
| | 暖房機（※注２） | （電気・ガス・石油） | □有・□無・□不明<br>↓<br>特定保守製品の表示<br>□有・□無 | 台 |
| | 冷房機 | （電気・ガス） | □有・□無・□不明 | 台 |
| | 床暖房設備 | （電気・ガス・石油） | □有・□無・□不明 | 台 |
| | 換気扇 | （浴室・洗面所・トイレ） | □有・□無・□不明 | |
| | 24時間換気システム | | □有・□無・□不明 | |
| 照明 | 屋内照明器具 | | □有・□無・□不明 | 台 |
| | 屋外照明器具 | | □有・□無・□不明 | 台 |
| 収納 | 吊り戸棚 | | □有・□無・□不明 | |
| | 床下収納 | | □有・□無・□不明 | |
| | ロフト | | □有・□無・□不明 | |
| | 食器棚（造付） | | □有・□無・□不明 | |
| 玄関・窓・その他 | 洗濯機置場 | （屋内・屋外） | □有・□無・□不明 | |
| | 洗濯機用防水パン | | □有・□無・□不明 | |
| | 備付け家具・家電 | | □有・□無・□不明 | |
| | 下駄箱 | | □有・□無・□不明 | |
| | 網戸 | | □有・□無・□不明 | |
| | 雨戸 | | □有・□無・□不明 | |
| | 畳・襖 | | □有・□無・□不明 | |
| | カーペット（敷込のもの） | | □有・□無・□不明 | |
| | カーテン | | □有・□無・□不明 | |
| | カーテンレール | | □有・□無・□不明 | |
| | 屋外水栓 | （使用可・不可） | □有・□無・□不明 | |
| | インターホン | （モニター：有・無） | □有・□無・□不明 | |
| | TVアンテナ | （単独・共同） | □有・□無・□不明 | |
| | ケーブルTV | | □有・□無・□不明 | |
| | インターネット回線 | | □有・□無・□不明 | |
| | 庭木・庭石 | | □有・□無・□不明 | |
| | 門・塀 | | □有・□無・□不明 | |
| | 車庫・カーポート | | □有・□無・□不明 | |
| | ブロアー（浄化槽） | （単独・合併） | □有・□無・□不明 | |
| | 物置 | | □有・□無・□不明 | |
| | 自動販売機 | | □有・□無・□不明 | 契約書有・無 |
| | 電柱・支線 | | □有・□無・□不明 | 土地使用承諾書有・無 |

# 付帯設備及び物件状況確認書（告知書）

（物件名：　　　　　　　　　）

## 表1−1．付帯設備表

本物件は、下記の付帯設備が現況のまま引き渡しされます。

付帯機能には、（　）内に該当する項目は印を記入し、設備の有無にチェックをしてください。

| 付帯設備 | | 付帯機能 | 付帯の有無 | 備考（故障・不具合等） |
|---|---|---|---|---|
| キッチン関係 | 流し台 | | ☐有・☐無・☐不明 | |
| | オーブンレンジ | （電気・ガス） | ☐有・☐無・☐不明 | |
| | コンロ(電気・ガス)・グリル | | ☐有・☐無・☐不明 | |
| | ビルト・イン食器洗浄乾燥機（※注2） | （電気・ガス） | ☐有・☐無・☐不明<br>↓<br>特定保守製品の表示<br>☐有・☐無 | |
| | ガス湯沸かし器（個別）（※注2） | | ☐有・☐無・☐不明<br>↓<br>特定保守製品の表示<br>☐有・☐無 | |
| | 浄水器 | | ☐有・☐無・☐不明 | |
| | (屋内・屋外)式給湯器（※注2） | （電気・ガス・石油・太陽熱） | ☐有・☐無・☐不明<br>↓<br>特定保守製品の表示<br>☐有・☐無 | |
| 浴室・洗面設備関係 | 浴室設備一式 | シャワー | ☐有・☐無・☐不明 | |
| | | 風呂がま（バランス釜）（※注2） | ☐有・☐無・☐不明<br>↓<br>特定保守製品の表示<br>☐有・☐無 | |
| | | 追い焚き | ☐有・☐無・☐不明 | |
| | | 保温 | ☐有・☐無・☐不明 | |
| | | 浴室内乾燥（浴室内乾燥・暖房機）（※注2） | ☐有・☐無・☐不明<br>↓<br>特定保守製品の表示<br>☐有・☐無 | |
| | 洗面設備一式 | 洗面台 | ☐有・☐無・☐不明 | |
| | | 鏡 | ☐有・☐無・☐不明 | |
| | | シャワー | ☐有・☐無・☐不明 | |
| | | コンセント | ☐有・☐無・☐不明 | |
| | | くもり止め | ☐有・☐無・☐不明 | |

※注1　使用不可の場合は備考欄に「使用不可」と記載　設備の有無　有－該当設備有り　無－該当設備無し　不明－当該設備不明

※注2の表示が「有」の設備は、消費生活用製品安全法及び同施行令により、経年劣化による重大事故の発生のおそれが高いものとして、平成21年4月1日時点で特定保守製品（9品目）に指定されたものですが、同施行令の改正により、令和3年8月1日時点で、特定保守製品は「石油給湯器」、「石油風呂がま」の2品目となりました。

(1) 特定保守製品（石油給湯器、石油風呂がま）については、以下の項目について売主から買主へ伝えて下さい。

①　製造メーカーより点検等を受けるためには、所有者情報の提供（登録・変更）が必要となります。

②　該当製品は、製造メーカーが定めた点検期間に点検を行う必要があります。

③　製造事業者への連絡先は製品に表示されています。

(2)特定保守製品から除外された7品目（屋内式（都市・ＬＰ）ガス用瞬間湯沸器、屋内式（都市・ＬＰ）ガス用風呂がま、FF式石油温風暖房機、ビルト・イン式電気食器洗浄乾燥機、電気浴室換気乾燥機）のうち、点検期間の始期が令和4年7月27日より前のもの（令和3年8月1日より前に点検が行われたもの及び点検期間が経過しているものを除きます）については、(1) と同様の項目を売主から買主へ伝えて下さい。

# 「付帯設備表」「物件状況確認書」サンプル

本文でも述べましたが、住居物件だけではなく「収益物件の取り扱いに慣れているかどうか？」を判断するには、付帯設備表を見せてもらうのがオススメです。

他社の多くは一般用住宅用を使用しているので、流しやエアコンの有無などが書かれているだけです。なかには「賃貸中なので付帯設備についてはわかりかねます」という不動産会社もあります。

しかし、収益物件の取り扱いが多い当社の付帯設備表は、家賃、滞納状況、入居者から言われたけれど直していない設備、火災報知器を付けるべきか否か、消防点検が終了しているかどうかなど、賃貸に関わることが多数書かれています。このような付帯設備表を使用している不動産会社の場合、収益物件の取り扱いに慣れていると判断できます。

ただし、付帯設備表だけが絶対的な判断基準ではありません。あくまで一つの判断材料として考えてください。

サンプル資料として、当社の付帯設備表及び物件状況確認書をご紹介しますので参考にしてください。当社ではトラブルを未然に防ぐためにも、常に付帯設備表を更新しています。

著者略歴

**新川 義忠**（しんかわ よしただ）

株式会社クリスティ代表取締役、富士企画株式会社代表取締役。

1972年、福岡県生まれ。不動産投資専門会社でトップ営業マンとして実績を挙げた後、2012年に独立、東京・四谷に富士企画（株）を設立。2016年より老舗不動産会社である株式会社クリスティの代表を兼任。サラリーマンから地主さん、プロ投資家まで様々な案件にて、現在までに約4800件の物件売買に関わる。「投資家目線でのアドバイス」「すぐには売らないスタイル」の人柄が信頼を呼び、著名大家さんも含めファンが多い。その手腕が話題となり、日本テレビ、TBSなどの人気番組への出演、FMラジオレギュラー番組ほか、メディアからの取材実績多数。

著書に『不動産投資を始めて"ワクワク人生"を歩もう！』『「いま」から始めて成功する"秘伝"の不動産投資！』（共にごま書房新社）、『万年赤字物件を驚異の高値で売る方法』（幻冬舎）など累計8作。趣味はサーフィン（「シティウェーブ」世界ランキング入り達成）、滝行、社内や自己物件のDIYほか幅広い。

●Facebook【新川義忠】 http://www.facebook.com/yoshitada.shinkawa
●株式会社クリスティホームページ https://www.christy.co.jp/
●富士企画株式会社ホームページ http://www.fuji-plan.net/
●新川義忠インスタグラム @surfrider.yoshio


初心者でも「高く」「早く」売る！

不動産売却"成功"への道しるべ

| | |
|---|---|
| 著　者 | 新川 義忠 |
| 発行者 | 池田 雅行 |
| 発行所 | 株式会社 ごま書房新社 |
| | 〒167-0051 |
| | 東京都杉並区荻窪4-32-3 |
| | AKオギクボビル201 |
| | TEL 03-6910-0481（代） |
| | FAX 03-6910-0482 |
| 企画・制作 | 大熊 賢太郎（夢パブリッシング） |
| カバーデザイン | 堀川 もと恵（@magimo創作所） |
| DTP | 海谷 千加子 |
| 編集協力 | 布施 ゆき |
| 印刷・製本 | 精文堂印刷株式会社 |




ISBN978-4-341-08840-8 C0034